江　西　文　化　符　号　丛　书

江西文化符号

江 西 文 化 符 号 丛 书

书院文化

SHUYUAN
WENHUA

胡 青 徐永文 黄漫远 / 著

江西美术出版社
江西人民出版社

出版前言

江西“物华天宝，人杰地灵”“雄州雾列，俊采星驰”，是人文渊薮之地，文章节义之邦。

在历史的眷顾中，文明与智慧在这片古老而富饶的土地上激荡、交融、沉淀、升华，孕育了兼容并蓄、海纳百川、多元特质的江西文化，涌现出辉映史册的杰出人物，积淀了弥足珍贵的人文资源。在整个中华民族的文明史上，江西文化浓墨重彩、影响深远。宋明时期，全盛的江西文化更是成为中华民族文化的结晶和代表。新民主主义时期，江西是全国苏维埃运动的中心区域，成为中国革命胜利前进的伟大基地，红色文化璀璨辉煌。这些具有独特魅力的江西文化散发出馥郁的芬芳，蕴含着温润的力量，氤氲在历史的光阴中，汇聚在时代的大潮中，滋润着广袤的赣鄱大地，滋养着广大的江西儿女。

“文化是一个国家、一个民族的灵魂。”为了深入贯彻习近平新时代中国特色社会主义思想，特别是习近平总书记关于文化建设的重要论述，江西省委、省政府把文化强省作为重大战略，出台了《关于加快文化强省建设的实施意见》，明确提出到2025年，江西要建设成为在全国具有较大影响的文化强省。《江西文化符号丛书》的出版正是江西省委宣传部深入学习习近平新时代中国特色社会主义思想，落实文化强省建设的一项具体行动。

我们策划出版这套《江西文化符号丛书》的初衷，就是力图将江西符号与江西形象、文化自信和文化思考，一起熔冶进书中，通过底蕴深厚的文字与精美个性的画面，带领人们理解江西文化的内涵，感知江西文化的灵魂，藉以给人们梳理出一个清晰的文化发展脉络，提供一个宽敞的文化游历空间，架构一座理解传统文化与先人智慧的桥梁，活化一种历史记忆和时代精神的生动传承。

《江西文化符号丛书》的出版是一项系列工程。当前，我们选取了相对立体的涵盖江西特色文化基本面的12种文化作为第一辑出版，即《红色文化》《山水文化》《陶瓷文化》《书院文化》《戏曲文化》《农耕文化》《商业文化》《中医药文化》8种特色文化，以及《临川文化》《庐陵文化》《豫章文化》《客家文化》4种地域文化。这些都是在江西历史上经过时间检验，已经形成广泛影响，并在较大范围内获得公认的文化成就和文化现象，它们是一道光、一条路，引导人们向光而行，不断续写新的华章。同时，江西文化元素丰富多彩，文化明珠灿若星河，除了以上12种之外，儒家文化、佛道文化、青铜文化、吴城文化、建筑文化等都是江西有重要影响的文化元素，我们将在后续出版规划中予以考虑。

我们在编撰工作中紧紧围绕“正”“专”“新”“特”“精”“美”来精耕细作。“正”，是指传播正能量，把好政治导向关；“专”，是指既要雅俗共赏、通俗易懂，又要体现学术层面的专业性和权威性；“新”，是指所选内容，不但要注重文化源远流长的历史和发展特征，更要延伸这种文化的美好前景及其在当下生生不息的生命力；“特”，是指文化内容一定要选取最有特质、最有代表性的符号来讲述；“精”，是指选材精、表述精、制作精，以打造精品图书的标准来组织实施；“美”，是指图文并茂，精美雅致，让读者沉浸在美景美物的故事和文化意境中，怦然心动，产生共鸣。

丛书的出版得到了有关方面的鼎力支持和帮助。中共江西省委常委、省委宣传部部长施小琳同志对丛书的编撰出版高度重视，多次研究协调。时任江西省人大常委会党组副书记、副主任朱虹同志，中共江西省委宣传部老领导刘上洋、姚亚平同志对丛书的编撰出版给予了悉心的指导。在丛书配图方面，江西省各设区市委宣传部以及江西画报社提供了有力的支持。在书稿审读过程中，中共江西省委党史研究室、江西省社会科学院、江西省文联、江西省博物馆等众多单位以及江西师范大学、南昌大学等众多高校的专家学者提供了学术上的指导。丛书各册的作者克服了诸多困难，在相对较短的时间内，精心构建框架，广泛搜集资料，创新表达方式，倾情进行写作，为丛书的顺利出版付出了艰苦的努力、巨大的心力。丛书还参考了一些研究成果和图片资料，使用了省内部分摄影家的作品。在此，我们谨向所有支持、帮助过该丛书出版的领导、专家、学者致以衷心的感谢！

限于时间相对匆促，在编撰出版过程中，难免存在缺憾和不足，敬请广大读者批评指正！

丛书编委会

2021 年 4 月

目录

CONTENTS

江西文化
符号丛书

第三章

书院繁荣推动理学昌盛

第四章

书院孕育文史大家

第五章

书院兴旺促进科举发达

第六章

让书院文化鲜活绚丽

导言

书院是中国古代教育的一朵奇葩。被称为“康熙年间十大才子”之一的宋荦说：“顾书院之盛，惟西江最。”宋荦（1634—1714），字牧仲，号漫堂，晚号西陂老人，曾负责接待康熙皇帝三次南巡，仕履很广，藏书读书极多，是清代著名的文人和政治家。他对江西书院由衷的评价是很有代表性、权威性的。

江西是古代讲学式书院的发源地之一。我国有教学功能的书院起始于唐代。唐代江西有丰城罗山书院、高安桂岩书院、泰和匡山书院、德安东佳书堂等10余所，尤其是东佳书堂更是制定了详细的规条，是教学式书院规范化的重要标志。

江西古代书院最多。20世纪80年代，季啸风先生率全国数百名学者对中国历史上的书院进行了调查，得出历代书院总数为7300所，其中江西989所，几乎占了七分之一，稳居全国各省之首的结论。而据2018年江西地方志办公室的统计，江西书院总数为1959所。

江西古代书院的影响曾经最大。庐山白鹿洞书院被誉为“天下书院之首”，朱熹制定的《白鹿洞书院揭示》（亦称《白鹿洞书院学规》）和办学模式得到学术史界的高度评价。贵溪陆九渊学派的象山书院是南宋四大书院之一。铅山鹅湖书院是理学争鸣的标识。吉安白鹭洲书院文天祥群体是中国士子推崇文章节义的典范。

江西是书院文化资源保留最多的省份。书院文化资源主要以书院文物、建筑群、遗址等不可移动文物的形式存在。2011年完成的全国第三次文物普查，在国家确认的不可移动的现存文物中，江西书院文化资源最为丰富。

江西古代书院遍布赣鄱大地，培养了一代代的江西学子，孕育了无数历史名人，推动了文化学术的发展。本书撷取典型，叙说盛事：讲述白鹿洞书院故事，寻觅形态多样的各类书院，考察书院对理学的推动，解密文史大家的书院生活，述说科举兴旺与书院繁荣的密切因缘。

书院承载着厚重的传统文化，积极保护、修缮、重建古代书院，让传统精华在当代得到更好的传承，是我们的责任。游历书院，漫步胜境，陶冶性情，净化心灵。在书院，我们更加熟悉祖国的历史，更加热爱我们的文化；在书院，我们崇敬先贤，缅怀革命先辈；在书院，我们提高自信，升华爱国热情。书院是文化教育机构，德育为先，祭祀先贤，刻苦读书，学术争鸣，刊刻典籍，教化民众，同样值得我们重视。在今天的学校教育和学术研究中，借鉴书院传统，不断创新，书院文化在新的时代将更加鲜活绚丽。

第一章

『天下书院之首』的白鹿洞书院

TIANXIA SHUYUAN ZHISHOU DE
BAILUDONG SHUYUAN

江西古代书院数量最多，在这千百所书院里，哪个书院最为著名呢？当然是白鹿洞书院了。白鹿洞书院位于今九江市庐山五老峰下，它与岳麓书院、应天府书院、石鼓书院并称为天下“四大书院”。清代大学者王昶汇集各省志府州县志所载书院史料编著《天下书院总志》，他在“序”中称赞：白鹿洞书院乃“天下书院之首”。享有“海内第一书院”美誉的白鹿洞书院又与之后的吉安白鹭洲书院、铅山鹅湖书院、南昌豫章书院并称为“江西四大书院”。

一、千年学府，源远流长

看

听

唐德宗贞元年间（785—805），曾任太子宾客的洛阳人李渤，与其仲兄李涉来到庐山五老峰下，开始筑草堂隐居读书。当地文人雅士时常慕其名来此谈诗论学。李渤驯养了一只白鹿，鹿通人性，终日相随。李渤如需购买文房四宝等物，便将钱袋子挂于鹿角上，白鹿前 ,20 余里外的南康如数买回。附近村民无不惊叹，以其为神鹿。李渤因之有“白鹿先生”之号，所居之处遂名“白鹿洞”。后来，李渤出任江州刺史，在旧地白鹿洞疏引山泉，种植花木，创建台榭。适逢诗人白居易由长安赴任杭州刺史，途经江州，与李渤相会，赠渤诗：“君家白鹿洞，闻道亦生苔。”

唐末，大书法家颜真卿后人颜翊率子弟 30 余人，在此讲学。

南唐升元年间（937—943），朝廷在这里建庐山国学，

庐山白鹿洞书院

亦称白鹿洞国庠，这是南唐中央政府于京城之外设立的国学，与金陵秦淮河畔国子监齐名。庐山国学以国子监九经李善道为洞主，掌教授，培养了一大批人才：“四方之士受业而归，出为世用，名绩彰显者甚众。”朝廷在京城之外办国学，在中国历史上是罕见的。

到了宋初，地方人士在国学旧址办起了学馆，有生徒数十百人。宋太宗时江州知州周述将办学的情况报告朝廷，宋太宗赐予国子监刻印《九经》，使之名声更大。宋仁宗时，礼部郎中孙琛在白鹿洞建房十余间供弟子读书，称“白鹿洞书堂”。

白鹿洞内白鹿雕塑

南宋淳熙六年（1179），著名理学家朱熹知南康军，率百官造访书院。只见这里残垣断墙，杂草丛生。朱熹非常惋惜，下决心修复书院。他殚精竭虑，苦心经营，使得兴复后的白鹿洞书院名声大振，文风昌盛，济济彬彬。

明宪宗成化三年（1467），江西提学佥事李龄又倡修书院，并聘请胡居仁主持。胡居仁（1434—1484）是明代理学开山吴与弼的学生，一生绝意仕进，不赴科举，以讲学为业，躬耕孝悌，力有所闻，其思想自成一体，去世后进祀孔庙。胡居仁曾两次掌教白鹿洞，他制定了书院新的学规，并留下大量诗文。

明清时期，白鹿洞书院屡修屡废。光绪二十九年（1903），白鹿洞书院停办。清末宣统二年（1910），清廷废白鹿洞书院名称，改称江西省高等林业学堂。

《白鹿洞书院学规》

江西高等林业学堂

辛亥革命以后，书院遗址曾遭火灾，藏书大部分损失。民国七年（1918），康有为曾题写“白鹿洞书院”横额。书院虽偶有修整，但终又日益颓坏。20 世纪 30 年代，国民党军官训练团曾一度占用书院院舍。抗战时期，又遭到日本侵略军的破坏，合抱大树毁坏甚多。抗战胜利后，蒋介石曾表示白鹿洞书院由当时设在江西的国立中正大学接管，作为大学的永久校舍，但这个计划并未实现。

中华人民共和国成立后，白鹿洞书院得到很好的保护和利用，各级政府先后拨巨款进行三次大的维修，书院再度兴盛。1959 年列为省级文物保护单位，1988 年列为全国重点文物保护单位。

1996 年庐山申报世界文化与自然遗产，白鹿洞是联合国专家考察下榻的第一站。

庐山白鹿洞书院

二、朱熹兴复白鹿洞书院

朱熹，字元晦，号晦庵，祖籍徽州婺源（今江西上饶市），定居建阳（今属福建南平市）。生于宋建炎四年（1130），卒于庆元六年（1200）。朱熹5岁入学，18岁贡于乡，次年中进士第，任泉州同安主簿，后罢归，从延平李侗学，师程颐、程颢研理学，集北宋以来理学和孔子思想文化之大成。朱熹享年71岁，为官九年，一生著书立说，讲学论道，创办书院27所，门生达几千人，兴复白鹿洞书院是朱熹教育生涯中最浓墨重彩的一笔。

南宋淳熙六年（1178）三月，朱熹知南康军（今属九江庐山市），甫到任，即出榜征询有关白鹿洞书院文化古迹情况，号召当地军民和过往士大夫报告书院的有关情况，不拘早晚，可赴官府申说。同年秋，朱熹踏勘书院遗址，痛感学馆空废，鸣弦息遗，房屋破损，院墙芜没。他立即

朱熹塑像

行动，一面派军学教授杨大法和星子县令王仲杰筹措兴复之事，一面向朝廷报告。然而此举并未得到朝廷的支持，甚至遭到讥笑与讽刺。

朱熹几次向朝廷报告兴复白鹿洞书院的理由，归结起来，大致有五：其一，白鹿洞有值得骄傲的历史，累圣相传，眷顾光宠，德意深远，理不可废；其二，庐山佛寺道观虽也遭到毁坏，但得以修复的数以百十计，书院是先王礼乐之宫、化民成俗之本，更应恢复；其三，这里四面山水，清邃环合，无市井之喧，有泉石之胜，的确是个群居讲学、遁迹著书的好地方；其四，书院并不会取代军学，也不会破费金钱，伤耗民力；其五，面对责难和讥讽，朱熹表示，他宁可放弃官职，只做洞主，也要办好书院。

淳熙七年（1179）三月，白鹿洞书院初步修复，朱熹率军县官吏、书院师生祭祀先师、先圣，举行开学典礼。朱熹升堂讲论《中庸首章》，并写下了《次卜掌书落成白鹿佳句》，表述了心中的喜悦和居山讲学的决心：

重营旧馆喜初成，要共群贤听鹿鸣。
三爵何妨奠蘋藻，一编讵敢议明诚。
深源定自闲中得，妙用元从乐处生。
莫问无穷庵外事，此心聊与此山盟。

朱熹为兴复白鹿洞书院，大致做了以下几件事：

第一，修建院房。白鹿洞书院毁于北宋皇祐末年的兵火，仅剩瓦砾榛荆，茂草丛生。朱熹知南康军期间，星子遭旱灾，地方财政相当困难，但他还是建起屋宇 20 余间，在离任时，尚与僚属及学生商定进一步修复白鹿洞书院礼圣殿等屋宇的计划。

文会堂

第二，筹措院田。朱熹很注意学田的设置，认为这是维持书院的“久远之计”，他制订了购置田亩的计划，筹集了一部分置田资金，因不久离任，买田一事由后任者进行。据李梦阳《白鹿洞书院志》、郑廷鹄《白鹿洞志》、李应升《白鹿洞书院志》所载学田情况看，白鹿洞书院有学田在星子、建昌（今永修）、都昌、安义四县，共有田、地、山、塘3000余亩。

第三，聚书。朱熹曾发文江南东、西路各地，请求地方官和四方贤士大夫贡献书籍，给书院生徒阅读。他还得到好几种书帖，比如从曹建处得程颐《与方道辅帖》的模本，从芗林向处得邵雍《诫子孙语》及《天道》《物理》二诗的手书，从蔡廷彦、吴唐卿处得包拯青年时代诗。朱熹亲自书写或照旧摹拓、作跋并刻之于石碑。

第四，立师、聚徒。朱熹兴复书院，曾聘新建丁锬掌教，合肥吴某为职事，均未成功。只得自任洞主，自为导师，亲自讲学，亲临执教。这时在白鹿洞书院讲学的尚有其好友刘清之，学生林用中、黄幹、王阮等。朱熹发榜招生，他自称其时有学徒一二十人，现有姓名可考、在白鹿洞完成学业者有曹彦约、曹彦纯、胡泳等30多人。

第五，订立学规。朱熹在总结前人办学所定规制以及禅林规式经营经验、教训的基础上，到“圣贤所以教人为学之大端”“条例”而“揭之楣间”，“以示学者”，制定《白鹿洞书院揭示》，也称《白鹿洞书院教条》《白鹿洞书院学规》《白鹿洞书院教规》。

第六，立课程。朱熹在白鹿洞书院重新开学时讲了《中庸首章》，以后又有《讲堂策问》《大学或问》等讲义传世。除儒家传统教材“五经”外，他把《大学》《中庸》自《礼记》中辑出，与《论语》《孟子》一起编成“四书”，作为白鹿洞书院开设课程的基本教材。朱熹认为：“学问须以《大学》为先，次《论语》，次《孟子》，次《中庸》。”

白鹿洞书院历史上的一大盛事是陆九渊来院讲学。陆九渊（1139—1192），字子静，号象山，江西金溪人，是朱熹的论敌和好友。淳熙八年（1181）二月，他率弟子朱克家、陆麟之等人来到白鹿洞，请朱熹为他哥哥陆子寿撰写墓志铭。朱熹欣然同意，与陆九渊泛舟鄱阳湖，并请陆在书院开讲，陆答应下来。

二月十日，朱熹与学子们来到讲堂，陆九渊登堂升席，正襟危坐，开讲《论语》“君子喻于义，小人喻于利”那章。陆九渊以雄辩的口才深入剖析，痛快淋漓，听者汗出涕流，皤然动心。早春二月的庐山，春寒料峭，朱熹听之感动，汗出挥扇，离席称当与诸生共守，以不忘陆先生之训。还说自己也曾讲过这章，但不如陆，他请陆九渊留下讲义，自己亲笔书写，刻碑立于书院。这是一场深深镌刻在中国学术史上的讲学，保留在书院石碑上的讲义，至今仍然闪耀着朱陆先哲智慧的光芒。

看

听

三、《白鹿洞书院揭示》闻名天下

朱熹给白鹿洞书院留下最具深远影响的是《白鹿洞书院揭示》。淳熙七年（1180），随着白鹿洞书院规模的扩大，求学者日益增多，在此期间，朱熹为白鹿洞书院订立了《白鹿洞书院揭示》，该学规的建立对后世书院的教育教学活动产生了深远影响。下面是《白鹿洞书院揭示》的条目：

父子有亲。君臣有义。夫妇有别。长幼有序。朋友有信。

右五教之目。尧舜使契为司徒，敬敷五教，即此是也。学者学此而已。而其所以学之之序，亦有五焉，其别如左：

博学之。审问之。慎思之。明辨之。笃行之。

右为学之序。学、问、思、辨四者，所以穷理也。若夫笃行之事，则自修身以至于处事、接物，亦各有要，其别如左：

言忠信，行笃敬。惩忿窒欲，迁善改过。

右修身之要。

正其谊，不谋其利。明其道，不计其功。

右处事之要。

己所不欲，勿施于人。行有不得，反求诸己。

右接物之要。

条目之后，朱熹还写了一段话，对揭示进行了阐释。

《白鹿洞书院揭示》与儒家经典之间的渊源深厚。朱熹《白鹿洞书院揭示》的内容主要是从相关的儒家经典中提取或引申的，并非其本人原创之句。这些儒家经典涉及《中庸》《论语》《孟子》，另外还有《汉书·董仲舒传》。“五教之目”出自《礼记·中庸》；“为学之序”出自《礼记·中庸》；“修身之要”中“言忠信，行笃敬”出自《论语·卫灵公》；“处事之要”源于《汉书·董仲舒传》；“接物之要”中的“己所不欲，勿施于人”出自《论语·颜渊》；“行有不得，反求诸己”出自《孟子·离娄上》。

朱熹对于儒学经典掌握得非常透彻，把经典古籍杂糅，根据自己的观点去统一融合，铸成学规，规范学生。学规强调处理父子、君臣、夫妇、长幼、朋友之间的关系，重视学生道德操守和日常行为的管理。《白鹿洞书院揭示》制定后，书院教育才有了较为完整的教育理论体系，从而促进了书院教育规范化和制度化发展。南宋绍熙五年（1194），朱熹又将它贴于岳麓书院楣间，成为《岳麓书院揭示》。淳祐元年（1241），宋理宗视察太学，亲自书写该学规，赐给太学生；淳祐六年，下旨颁该学规于各府州县并立石以存。宋元明清时期，许多学校甚至是太学以《白鹿洞书院揭示》为范本，将它作为制定各自学校学规的依据，有的书院则直接照搬白鹿洞书院的条规。

《白鹿洞书院揭示》一度传播到东亚等地区，促进了儒学和朱子学在朝鲜、日本等国家的传播和当地学术的发展，从而对朝鲜时代的书院教育和日本江户时期藩校教育产生了深远影响。

当代学者高度评价了白鹿洞书院学规的历史作用。著名教育史家毛礼锐和沈灌群先生在《中国教育通史》中认为《白鹿洞书院学规》是书院的"标准学规"，是"书院制度化的主要标志，相当于书院法规得到了官民公认"。它明确了书院的宗旨，确定了教学的基本原则，提出了修身、处世、接物的基本要求，"实际上为书院制定了纲领性规程"。孙培青在《中国教育史》中认为，"在这个学规中，朱熹明确了教育的目的，阐明了教育教学的过程，提出了修身、处世、接物的基本要求，把这些儒家思想汇集起来，用学规的形式固定下来，形成较为完整的书院教育理论体系，成为后世学规的范本和办学准则，使书院教育逐步走上制度化的发展轨道，其贡献不可低估"，"这是中国书院发展史上一个纲领性学规，不仅对当时及以后的书院教育，而且对于官学教育都产生过重大影响"。

四、王守仁聚讲白鹿洞

明代最著名的思想家王守仁，一生与江西关系密切，他的心学理论，亦从江西开始大力传播。其在白鹿洞书院举行的一次聚讲，是他传播心学的标志性事件。

白鹿洞书院一直是朱子学的“根据地”。王守仁想传播心学，非得攻克这一堡垒不可。正德十三年（1518），王守仁巡抚赣南，特意书写了《大学古本》《中庸古本》全文，派人送到白鹿洞中，借恢复古本之名，重新解释《大学》《中庸》，以便阐明心学要义。朱熹曾说《大学》不但讲“诚意”，也讲“格物致知”，而在王守仁看来，两者乃是一回事。一切都只在此心，“心即理也”，何必去“格物”？不久，南昌知府欲修《南昌府志》，想请王守仁担任主编，又适逢王守仁的弟子蔡宗兖刚刚入主白鹿洞，于是王守仁便想在白鹿洞开馆修志，借机在那里讲学，以了与朱熹“商榷”的夙愿。

正德十六年（1521）五月，王守仁来到白鹿洞。他稳坐盟主高坛，指挥诸弟子互相唱和，大力阐明心学，盛极一时，快意十分。颇有意思的是，江西巡按唐龙也参加了这次聚讲。唐龙笃信朱学，反对王守仁心学，反对蔡宗兖入主书院。王守仁将他邀来，表面看是添乱，实际上是拿他做挡箭牌，抵挡别人对心学的非议。而唐龙也不甘示弱，想在这次聚讲中与心学派一较高下。

王守仁作《白鹿洞独对亭》隐喻这次聚讲：

五老隔青冥，寻常不易见。
我来骑白鹿，凌虚陟飞巘。
长风卷浮云，褰帷始窥面。
一笑仍旧颜，愧我鬓先变。
我来尔为主，乾坤亦邮传。
海灯照孤月，静对有余眷。
彭蠡浮一觞，宾主聊酬劝。
悠然万古心，默契可无辩。

“长风卷浮云，褰帷始窥面”，是指洞中供奉的朱熹像。“我来尔为主，乾坤亦邮传”是说天地如同驿站，一站接一站，而今已传到我王守仁这里，朱老夫子已经过时了！王守仁的诗作一出，弟子们纷纷唱和，他们说这次聚讲就是要对付朱熹的《白鹿书院揭示》，洞规出现了偏差，犹如脱缰的野马，现在我们要将它驯服，调整到正确的轨道上来。

唐龙一进白鹿洞，便对王门师徒充满挑战的诗作甚为不满，坚持认为朱熹理论才是正统，认为王门师徒曲解朱子教条，王守仁与朱熹“商榷”乃是“妄辩”。然而在王守仁师徒强大的声音中，唐龙显得如此微弱，他也只好长叹了。

王守仁这次聚讲对白鹿洞书院的影响很大。它确立了心学在书院的地位，此后 50 多年间，在书院讲论心学便具有了“合法性”。王守仁离开江西之后，蔡宗兖还在白鹿洞坚守着。王守仁的弟子邹守益，也不忘老师的教诲，在这次聚讲的多年以后又来到白鹿洞，再一次宣讲心学要义。之后如罗洪先、王畿等心学大家，或在白鹿洞聚会，或讲学白鹿洞，把这个朱学的阵地变成了王阳明学派的花园。

五、湛若水的白鹿洞情结

湛若水（1466—1560），字元明，号甘泉，广东广州府人。明弘治五年（1492），湛若水参加乡试考取举人。后赴新会县拜名儒陈献章为师，由于得到严师的耳提面命，学识大为长进，深得陈献章的赏识，因而成为白沙学说的衣钵传人。弘治十八年（1505）参加会试，中进士第二名，先后被授为翰林院编修、侍读。嘉靖三年（1524），升为南京国子监祭酒，后又历任南京礼部尚书、吏部尚书、兵部尚书，追赠太子少保。湛若水是明代著名思想家、哲学家、教育家，他与王阳明各立宗旨，分席讲学，推动了心学的发展，史称“时天下言学者，不归王守仁，则归湛甘泉”。

湛若水与白鹿洞书院很有缘分。他早年北上参加科举考试，曾路过白鹿洞书院，作有《甲子秋初访白鹿洞》。嘉靖九年（1530），王溱知南康，王溱对湛若水的思想非常推崇，将其代表作《心性图说》与《四勿总箴》刻于书院中，让师生朝夕揣摩学习，并在《心性图跋》中对两篇文章作了高度评价，认为它们已将圣贤经义揭示无遗，可以消除一切支离破碎之说。

嘉靖十五年（1536）八月，湛若水带着学生再次来到白鹿洞书院，拜谒了先圣先师，观览了王溱新开的书院，之后在文会堂看见了王溱所刻的《心性图说》《四勿总箴》，颇为感动。又过了两年，王慎中任江西参政，不远千里，致书湛若水，多次邀请他到白鹿洞讲学。

湛若水为王慎中精神所感动，他此时无暇亲临讲学，于是写下文章阐述自己的观点，送至白鹿洞供人宣讲。湛若水把人的心灵分为“心”和“性”两方面，说“心”就像一粒谷种，包含了一切生机，包含了一切仁义道德的萌芽状态；而“性”是“心”的发动、表露状态。一旦“心”表现为“性”，就产生了恻隐、羞恶、辞让、是非的感情和心理反应，体现为仁义礼智的具体行为。修养的方法是“存中以应外，制外以养中”，只有养好自己的“本心”，才能很好地处世接物，而合理的处世接物，才能进一步养好自己的“本心”。

白鹿洞书院门楣

六、科技人物与书院的因缘

看
听

白鹿洞书院作为学术的殿堂，在学术传播和繁荣方面做出了重要贡献，有意思的是，白鹿洞书院与明代科技人物也有着不解之缘，这给书院的发展带来了新的活力。这些科技人物中不乏中国古代著名的科学家，他们中的代表有：

胡俨（1360—1443），字若思，号颐庵，江西南昌人，元末明初科学家，对天文、地理、律历、医学之书无不究览，著有《颐庵集》。明洪熙年间任国子监祭酒的胡俨偕同诗友游览白鹿洞书院遗迹，留下《游白鹿洞三首》《慕白鹿寄余侍讲》等。由于他的影响，当时一批具有很高社会地位的文人时常前往书院遗址凭吊古迹，结礼唱和，后人称之为“鹿鸣再振”。正统七年（1442），胡俨又写了《重建白鹿洞书院记》，此记文石刻是白鹿洞书院现存碑刻中

宋应星《天工开物》

最早、保存最好的一块。

李贤（1408—1466），字厚德，河南郑州人，明代地理学家。天顺五年（1461），李贤与彭时等人修成《大明一统志》，全书9大卷，书中以天顺时西京十三布政司分区，下设府、州、县，分建置、沿革、郡名、形胜、风俗、山川、土产、公署、学校、书院、宫室、关梁、寺观、祠庙、陵墓、古迹等。并著有《鉴古录》《体验录》《天顺日录》等书。成化二年（1466），撰《重修白鹿洞书院记》。

罗洪先（1500—1564），字达夫，号念庵，江西吉水人，嘉靖八年（1529）进士，长期讲学吉水石莲洞与南昌正学书院，是明代地图学家，他将朱思本的《舆地图》大幅划成小幅，按明制更改地名，并详加记注。除沿用裴秀以计里画方的传统方法外，还创新了24种常用的图例符号，开始由象形过渡到几何图案，是地图绘制上的一大进步。白鹿洞书院现存的著名碑刻《游白鹿洞歌》据传是罗洪先的手笔。

宋应星（1587—1661），字长庚，江西奉新人，明代杰出科学家，曾任江西分宜教谕、福建汀州府推官、亳州知州等职。其名著《天工开物》一书记载当时中国农业、工业以及手工业的生产技能，全书共18卷，插图200余幅，具有很高的学术价值。宋应星是舒日敬和李应昇的学生，而舒日敬和李应昇先后于万历四十五年（1617）、天启二年（1622）主白鹿洞书院并讲学，两位老师在白鹿洞书院讲学时，宋应星跟随老师学习，并留下学习的痕迹。

方以智（1611—1671），明末清初学者，字密之，号鹿起，桐城人，崇祯进士，官拜翰林院检讨，著有《通雅》《物理小识》《药地炮庄》《东西均》《医学会通》等。他博学识广，于天文、地理、历史、生物、医学、哲学、书画等无不涉猎。他重视科学实验，并以此作为哲学研究之据。清顺治七年（1650），巡抚蔡士英、知府徐士仪寻求主讲白鹿洞之人，蔡士英推荐方以智担任主讲，未果。方以智留下《白鹿洞》诗。

看

听

七、白鹿洞书院揽胜

白鹿洞书院位于庐山五老峰东南麓，在大排岭、汪家山、排山岭、汉阳峰所包围的盆地中，海拔约 50 米，俯视似洞，遂以“洞”名，距九江市区 30 公里，属古文化遗址。书院风景壮丽，10 公里之外是五老峰。李白《望庐山五老峰》诗称：“庐山东南五老峰，青天削出金芙蓉，九江秀色可揽结，吾将此地巢云松。”往东约 3 公里是鄱阳湖，气势磅礴，烟波浩渺。书院附近有贯道溪、圣泽源、卓尔山、后屏山、右翼山、回流山等，苍松翠竹，泉水清澈，碧瓦参差，令人流连忘返。白鹿洞书院现辖地 3000 亩，明、清建筑 36 幢，面积 7000 平方米，明、清碑刻 157 通，摩崖石刻 60 处。

书院保存了大量的明清古建筑。

礼圣殿又名大成殿。“大成”，取孟子“孔子之谓集大成”语意。南宋淳熙九年（1182），朱熹赴任浙东提举后，遗钱 30 万嘱继任的南康知军钱闻诗修建礼圣殿。淳熙十年（1183），朱端章知南康军，动工兴建。明正统三年（1438），南康知府翟溥福重建，易名大成殿。明弘治十一年（1498），清顺治三年（1646）、顺治五年（1648）、顺治十四年（1657），康熙五十二年（1713）多次重建。礼圣殿是书院祭祀孔子及其门徒和对儒家圣贤施之以礼的地方。殿正中有孔子行教立像，初为唐代吴道子所绘，现为 1980 年维修时按原样摹刻。上有清康熙手书“万世师表”匾额，像下有石质神龛，有象征性的石香炉和石花瓶。后壁左右有朱熹书“忠”“孝”“廉”“节”四字。殿中左右有线雕四圣，即复圣颜子、述圣子思、宗圣曾子、亚圣孟子，前亦有石质神龛。左右两侧壁有 12 贤线雕石质小像，立于石质神龛之上。其主体建筑为宫殿式，殿中四柱三间，殿壁大木柱 12 根，以砖砌壁，外饰石灰面，周环以廊。重檐九脊，斗拱交错，灰瓦白墙，脊饰鳌鱼，巍峨宏伟，气势庄严。

礼圣门是礼圣殿的附属建筑。南康知府翟溥福建了大成门，后来苏葵等重建，改称

五老峰

礼圣门。康熙七年（1668），推官巫之峦、知县黄秉坤重建。康熙五十一年（1712），提学冀霖将它增高到与礼圣殿相称。现在礼圣门为 1980 年重修，门上原有副使邵宝题写的颜体字“正学之门”，两侧有明代提学邵宝所作的对联（“诏有格言，求真才于正学；教无异术，体至理于常行”），以及明代巡抚胡松所作的对联（“古往今来，前圣后贤同脉络；天地高下，四时百物共流行”）。

棂星门始建于明成化二年（1466），为南康知府何濬所建。明弘治十一年（1498），南康知府苏葵重建。初为木构建筑，后南康知府周祖尧改作石柱，即现在的石柱牌坊。它是白鹿洞书院现存最古老的建筑之一。古代传说，“棂星”即“文星”，以它命门，意即此处人才辈出，为国家培养栋梁之材。门为花岗岩石构建筑，牌坊式，六柱五间，二层石梁连接。中梁刻有缠枝牡丹，石抱鼓护柱，饰海波纹，刀法粗犷简练。中门与左右二门及石梁之间以灰砖开方孔窗，石灰勾缝。

先贤书院的头门楼为砖木石结构，前呈八字形，有花岗岩石阶七级上登，悬山顶，重檐，顶层四斜坡式，白灰黑线饰脊，檐下有一长条形框，中有穿孔十字叶形纹饰五个，下有“先贤书院”四字题额，为明代李时达所书。左右有挑檐，覆以灰瓦，门两

棂星门

侧有砖砌柱，上有石梁，下有石坎。头门内为花圃，东边紧靠礼圣门西厢房，西靠讲解室，中有十字形卵石路面，以青条石框路边。二门为过道门，与西碑廊连接，顶为双斜坡式，覆以灰瓦。中有黑漆木板门六片，下方裙板饰以方框，上方几何形棂格。门内为花圃，花圃东、西、南三面为碑廊，北面为朱子祠、报功祠。花圃中有卵石路通向

先贤书院

丹桂亭，花圃周边有卵石砌就的花坛八个。

朱子祠为先贤书院主要建筑之一，在礼圣殿之右，是专祀朱熹之祠。南宋淳熙间，朱熹知南康军，勤学教民，兴利除害，振兴白鹿洞书院，功绩卓著。当朱熹离开南康后，诸生为他立生祠。朱熹知道此事后很生气，即修书致白鹿洞主撤除。宋开禧元年

（1205），诸生又把周濂溪、程颐、程颢和朱熹合祀于讲堂，称三贤祠。宋宝庆二年（1226），赠朱熹为太师，封信国公。绍定二年（1229），改封徽国公。明正统三年（1438），南康知府翟溥福亦建三贤祠于大成殿之左，祀周濂溪、朱熹和李渤。清康熙四十八年（1709），应南康府教授熊士伯之请，南康知府张象文申请为朱熹建立专祠。现为1980年重修。现朱子祠内中立朱子自画像石刻，左有张象文《文公朱子专祠碑记》，右有《白鹿洞书院教条》碑刻。上悬清康熙手书"学达性天"金字匾额。朱子祠为砖木结构，硬山顶，灰瓦白墙，平面呈长方形，四柱五开间，三面为墙，前以木板门窗拦护，门上段格心为几何图形，下部裙板饰以方框。

报功祠位于朱子祠之西，初祀李渤等历代有功于洞之学者，原亦称先贤祠或三贤祠。明正统三年（1438），南康知府翟溥福重建。祀李渤、周濂溪、朱熹，还祀有二程（颐、颢）、张横渠、陈了翁、陶靖节、刘西涧父子七先生。明弘治十年（1497），江西按察司佥事提学苏葵改为周濂溪、朱熹二先生祠，又创建先贤祠。祠内现有庐山白鹿洞书院院史展览。

明伦堂为书院讲学之所，"明伦"二字出自《孟子·滕文公上》："夏曰校，殷曰序，周曰庠，学则三代共之，皆所以明人伦也。"明伦堂在御书阁之后，初建于宋，明正统三年（1438），南康知府翟溥福重建。明弘治十年（1497），

明伦堂

江西提学佥事苏葵再建。明万历四十二年（1614），葛寅亮改为讲修堂。清顺治十四年（1657）重建，改名彝伦堂。明伦堂为砖木结构，白墙灰瓦，人字形硬山顶，四开间，房中八柱支撑，中立二柱，前有走廊。内有康熙二十五年（1686）安世鼎撰文的《御书阁碑记》。

思贤台在鹿洞上，王溱辟山为洞，并筑台于其上。思贤台的平面为方形，前后长为 9.8 米，左右宽为 7.76 米，前护花岗石质围栏。明嘉靖三十年（1551），江西巡按曹汴在台上建思贤亭。思贤亭，木结构，四柱，歇山顶，双层斗拱托檐，中开一门，四边有木制花窗。亭中有一石桌，呈长方形，桌面积 1.2 米 ×0.6 米，高 0.8 米。底座呈长方形，面积为 0.46 米 ×0.65 米；中有一方形石立柱，立柱中部外凸，四周浮雕四鹿，有石鼓墩四个，作凳用，鼓径 0.3 米，高 0.48 米。油漆天花板，中绘葵花九朵，四周绘如意，每边各三个。

明嘉靖九年（1530），南康知府王溱，祭山开洞，洞为花岗岩砌，呈拱券形，高 4 米，宽 4.15 米，深 6.35 米。

嘉靖十四年（1535），南康知府何岩命工琢石鹿置洞中。石鹿后有清顺治十一年（1654）白鹿洞主熊维典撰《大司马大中丞蔡公重兴白鹿洞碑记》。洞正壁有嘉靖十年（1571）开州王溱所书《鹿洞记》，左右两壁有王风池所书的石刻残碑。

丹桂亭建于长方形台基上，木结构，歇山顶，四斜坡式，正脊砖砌，四挑檐，四木柱支撑，斗拱上托，花岗岩圆鼓式柱础，素面。中立“紫阳手植丹桂”青石碑，为岭南曹秉濬书于光绪四年（1878）九月。台基边以花岗岩石砌就，左右有三级花岗岩条石阶，上登台基。丹桂亭前有花坛两个，砖砌六边形，内植丹桂和银桂。

书院其中一门楼上有冯友兰题额“紫阳书院”。朱熹号紫阳，因以为名。单檐四坡歇山顶，前为八字形，门洞为花岗岩石，前有石阶六级。门内院落为花圃，用卵石和青条石铺路通往崇德祠和东碑廊之左右碑廊。

御书阁始建于南宋淳熙八年（1181），现阁系清康熙五十四年（1715）由南康知府叶谦、星子知县毛德琦重建。御书阁为木构建筑，二层，平面近方形，南北每边可见四柱，

朱子祠

思贤台

丹桂亭

东西每边可见五柱，阁中四柱，阁内东边有木板楼梯上登。周环走廊。二层正中有“御书阁”竖额。歇山顶，翘角挂铎，鸱尾饰脊，正脊中有宝珠顶。朱栏画栋，斗拱交错，庄严宏伟，气势磅礴。阁南北各有六门，门上段为窗棂格，下为方框裙板。楼上向南有门，四面皆为通风窗，窗为棂格。斗拱为卷云托钵。阁外柱有联云：“泉清堪洗砚，山秀可藏书。”

独对亭在白鹿洞书院之南，左翼山下。石构，六柱六面六翘角，斜坡亭面，宝珠顶。明弘治十四年（1501），江西提学副使邵宝为了纪念朱熹，赞颂朱熹理学研究的功绩，名其为独对亭，意为朱熹的理学思想可与五老峰相对。

延宾馆始建于南宋，取“握发延宾”“礼贤下士”之意。朱熹兴建白鹿洞书院的同时，为了方便由南康（今庐山市）

延宾馆

至书院的学者与师生，在当时的南康军郡庠之东和城北五里的颜家山建立两所延宾馆。明成化五年（1469），江西提学佥事李龄命同知谯赞在书院大成门之东亦建有延宾馆。1994 年由国家文物局拨款进行维修，1996 年竣工，维修后的延宾馆，由憩斋（厢房）、春风楼、逸园和状元泉组成。

枕流桥在独对亭前，贯道溪峡口上。单拱石构桥，两旁有护栏，横跨贯道溪，桥下溪流奔涌，大石枕之，有“枕流”石刻故名。桥长 12.5 米、宽 3.2 米、高约 10 米。清道光十一年（1831），南康知府杨树基和都昌人陈尚忠捐款重修石桥。

《游白鹿洞歌》碑刻

书院碑刻与摩崖十分丰富，现有碑刻200余通，其中古代121通，现代100余通。古代碑刻主要藏于碑廊中，有修建记文、洞规教义、诗词歌赋、游记题词等各色字碑。其中最具传奇色彩的是紫霞真人手书的《游白鹿洞歌》。相传明万历年间，一位身着麻衣芒鞋的道人云游至白鹿洞，饱览这里的山川景物之后，信手采一把蒲草，在院墙上写下这首长歌，落款是“紫霞真人”。院中还有摩崖50余方，为朱熹和历代名人所题刻。

第二章 古代书院寻踪

GUDAI SHUYUAN
XUNZONG

江西古代书院形态各异，家族书院、讲学书院、祭祀书院、考课书院、客家书院，交相辉映。它们散落在全省各地，有的保存了完整的建筑，有的仅存部分遗址，有的地面建筑荡然无存，难觅其踪，然而它们蕴涵的故事，仍然留给我们去探访和聆听。

一、最早出现的罗山、桂岩、东佳等书院

书院起源于唐代，江西是古代书院的起源地之一。

罗山是江西历史文化名山之一，距丰城市区南 48 公里，跨丰城、崇仁、乐安三县（市），主峰海拔 962 米，山间有茂林修竹，瀑布流泉，景致幽雅异常，既是一处修身养性的人间仙境，又是一块传道授业的风水宝地。

罗山书院于唐大历六年（771）为纪念晋代隐士罗文通所建。罗文通为汉代大农令罗珠十五世孙，因追慕高士徐孺子风范，隐于槠山，著《求道书》14 篇。晋大兴元年（318）荆州刺史王敦檄聘其为别驾，咸和二年（327）朝廷诏为军诰祭酒，罗文通均辞不往，改而隐居丰城池山讲学，授徒 800 多人，著道学书数十卷，寿终池山，门生念其功绩，将池山改名罗山。罗文通去世后，其徒立祠祭祀。唐大历六年（771）春，魏少游和时任江南西道观察判官后成为一

代名相的李泌一起拜访罗氏讲学旧址，将“云霄观”改为“罗山书院”，并题写匾额，修缮学舍。

桂岩书院，唐元和九年（814）高安郡幸南容所建。幸南容（746—819），名幸显，字惕微，著名文士、教育家，历官太常寺卿、国子监祭酒兼太子宾客。唐贞元九年（793）中进士，与柳宗元同榜。与名士柳宗元、刘禹锡、李绛谈诗论文，交往甚密。元和九年（814），幸南容致仕返乡。京城官宦士大夫集聚都门唱和诗歌为他送行。柳宗元作《送筠州大司成幸南容归序》，赞其“虽枚生之节，长卿之道，无以尚也”。

回归故里后，幸南容倾心教育，择地出资，兴建桂岩书院，招徒授业，为家乡培养人才。每日教书授课之外，醉心于文章学问，勤奋不息，著有《联珠集》，柳宗元为之作序，称“比词联韵，奇藻逸发，烂若编贝，灿若贯珠”。一时之间，远近文人学者蜂拥而来。元和十四年（819），幸南容逝世。宪宗闻耗伤悼，派刘汝霖前往祭奠，并赠幸南容为渤海郡公，谥文贞。柳宗元撰写墓志铭寄托哀思：“天乎苍苍，胡逝我良！我良不作，孰与佐邦？计闻远道，涕泪其滂。束我刍兮，幕山之阳。作而铭兮，以示无忘。”桂岩书院是为家族子弟参加科考服务的，幸南容后代幸元龙郑重地叮嘱后代说：“凡事不须与人争，一意读书，科举有名，此乃大争气也。”桂岩书院为兴办家族教育开创

了新风，在中国教育历史上有较大影响。

东佳书堂是唐代大顺年间江州陈氏创建的一所家族书院。南北朝时期，陈伯宣由泉州仙游来庐山定居，伯宣孙陈旺徙居德安县太平乡常乐里，陈旺后代义不析产，累世聚居，唐僖宗（862—888）时诏旌为“义门”，世称“义门陈”。

唐大顺元年（890），陈氏七世孙、家族主事陈崇为保本族累世共财同居，为陈氏订立家法，其中规定：“立书堂一所于东佳庄，弟侄子姓有赋性聪敏者令修学，稍有学成者应举。除现置书籍外，须令添置。于书生中立一人掌书籍，出入须令照管，不得遗失。”同时还规定：“立书屋一所于住宅之西，训教童蒙。每年正月择吉日起馆，至冬月解散。童子年七岁令入学，至十五岁出学。有能者令入东佳。”

书屋是蒙学，实施古代小学教育，东佳书堂的办学层次高于书屋（蒙学），实施的是为科举考试做准备的古代大学教育。

北宋嘉祐七年（1062），义门陈氏自唐至宋聚族已有3900余口，在北宋名臣包拯、文彦博等人的奏请下，宋仁宗将义门陈氏分为291庄，

东佳书院近景

散居全国。名重一方的东佳书堂因无人经理，遂迁至德安县治所在，并更名为义门书院。这个陈氏家族的书院存世 170 多年之久，在维护陈氏家族累世聚居，提升家族声誉，促进家族发展中发挥了重要作用，被誉为我国古代书院发展史上的一个里程碑。

二、七十余位公卿题咏的华林书院

华林书院地处奉新华林山，是南唐至宋代江西一所著名书院，它和东佳书堂、雷塘书院一道被称为“鼎峙江东”的三大书院。华林书院为胡氏所建，胡氏是聚族而居的，南唐时胡珰为重振家风，在华林建立了书院。而书院规模的扩大和名闻天下却是得益于他的曾孙胡仲尧。

胡仲尧（约 934—995），字光辅，江西奉新人，南唐至宋初著名的教育家。精于《春秋》，亦好黄老之术。南唐李煜时曾任寺丞，入宋后曾任洪州助教，后迁国子监主簿。胡仲尧生前曾两次受到宋太宗的旌表嘉奖。第一次是因胡氏“累世聚居，达数百口，构学舍于华林别墅，聚书万卷，大设厨廪，以延四方游学之士”。雍熙二年（985），太宗诏旌其门闾，仲尧赴朝廷谢恩，太宗又赐白金器 200 两以示勉励。第二次是淳化年间（990—994），州境因旱灾歉收，胡仲尧打开私家仓库，平抑物价，以赈济灾民，并用私财建造奉新南津桥，受到太宗嘉奖。太宗任其为洪州教授，并允许仲尧每年用香稻时果进贡，还授予其弟胡仲容试校书郎，赐袍笏犀带和御书。然而，胡仲尧主要是因兴办华林书院而闻名天下。

华林书院坐落在风景如画的奉新华林山，华林山位于县城西南50里，高80丈，周围50里，云峰秀拔，宁静幽雅。胡仲尧在这里列植松竹，间以葩华。涌泉清池，环流于其间；虚亭菌阁，鼎峙于其上。处者无数，游者忘归，真是令人心旷神怡。

华林书院与胡氏居所连为一体，以至有人把胡氏居所称为书院。这里有正厅、茶厅、小厅、客厅，有凉亭、水阁、内竖门、鼓门、勾曲门、前槽门、元门、石梁。从留存至今的平面图和宋代名贤题咏华林书院的诗句看，那里是一个庞大的建筑群。胡仲尧的弟弟胡克顺称“筑屋百堵，介处于下乡”。百堵之屋，非区区小数，可见规模巨大。

书院有丰富的藏书，包括正史与方志，族谱多次提到华林书院有“万卷”藏书。万卷之书今天看来是个小数目，但在当时却很了不起，这个数字已经相当于北宋初皇家图书馆的藏书。宋人龚鼎臣《东原录》记载，当时有人曾询问三馆秘阁所藏之书，“客有对以所藏之书，今存者有二万 七千卷，其实万余卷尔”。华林书院的藏书看来不比当时朝廷藏书逊色。

华林胡氏济美牌坊

华林书院是一所家族性的书院，它的基础是聚族而居的华林胡氏，它的经济来源是家族的财富，它招收的对象以家族子弟为主，它的办学宗旨是为家族培养人才。家族性是华林书院最基本的特色。宋代开国即声称以孝道治理天下，着力宣传孝道，隆重礼遇聚居的家族。合族聚居不析炊成了最理想的家族模式。家族办学的目的大致有二：其一，培养家族人才，出仕朝廷，扩大家族声势，维护家族利益，并进而为封建国家服务；其二，调解家族内部各种矛盾，巩固以血缘为纽带的家族制度。华林书院恰恰很好地达到了上述两个目的。

华林书院的教学很有自己的特色。例如，有众多的公卿与学者名流跟书院有密切交往，或讲学，或题咏。《宋史·胡仲尧传》称当时“公卿多赋诗称美”，指的就是这件事。据史料记载，名公巨卿为华林书院作诗称颂者达72人之多。又如，华林书院注重环境的熏陶，胡仲尧在书院植松栽花，开池建亭，注意环境对人心灵的影响。即使今天看来，道德教育与优美的自然环境结合在一起，对培养学子的高尚情操与审美观念的提升具有重要意义。此外，书院与道教学者联系密切，具有一定的道学色彩。

华林书院为胡氏家族培养了大批人才。宋太宗端拱二年（989），胡克顺、胡用之叔侄二人同登陈尧叟榜进士第，震惊朝野。在胡克顺、胡用之叔侄二人同榜高中进士11年后，即宋真宗咸平三年（1000），华林胡氏又创奇迹：胡仲尧的三子胡用庄又登陈尧咨榜进士第，且高中第三名探花。景德二年（1005），胡仲华的儿子胡用时、胡仲尧的次子胡顺之、胡仲容的长子胡用礼兄弟三人同登李迪榜进士第，一时朝野传为佳话。

华林书院洗砚池

华林书院牌匾

看
听

三、门徒千人的盱江书院

盱江书院，由北宋著名思想家、哲学家、教育家、诗人李觏所建，在南城县城北的凤凰冈，史称“先生创书院其下，学者千余人”。这在当时算是规模很大的书院，江西古代书院史记载中能有“门徒千人”的书院，实不多见，其在书院史上地位显著。

李觏（1009—1059），字泰伯，宋建昌军南城县人，家世寒微，自称“南城小民”。自幼聪颖好学。5岁知声律、习字书，10岁通诗文，20岁以后文章渐享盛名，但科举一再受挫，仕途渺茫。从此退居家中，奉养老母，潜心著述。于庆历三年（1043）创办盱江书院。同年受郡守之请主学事，课业授徒，慕名求学者常有数百人。“为盱江一时儒宗”，人称“盱江先生”。

李觏创办的盱江书院，以学者讲学为主，对科举并不

李觏塑像

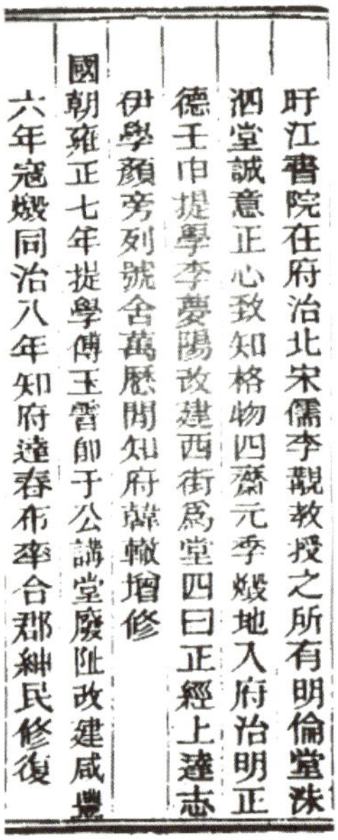

盱江書院在府治北宋儒李覯教授之所有明倫堂洙
泗堂誠意正心致知格物四齋元季燬地入府治明正
德壬申提學李夢陽改建西街爲堂四曰正經上達志
伊學顏旁列號舍萬歷間知府韓撤增修
國朝雍正七年提學傅王露卽于公講堂廢址改建咸豐
六年寇燬同治八年知府達春布率合郡紳民修復

《江西通志》中有关盱江书院的记载

十分重视，不仅接纳本郡学子，而且接纳各郡府前来求学的“俊秀者”，在其影响下，“江右文风盛矣，有盛如建昌郡者乎”？李觏在盱江书院主事六年，学徒千数，培养了大量优秀人才，如“唐宋八大家”之一曾巩（南丰人），颇有建树的邓润甫、余畴若、邓立节、徐唐、李山甫等等名儒。盱江书院成为当时东南学子闻风向往的著名书院。

皇祐元年（1049），范仲淹向朝廷极力推荐李觏，称李觏“讲论六经，辩博明达，释然见圣人之旨；著书立言，有孟轲、扬雄之风”。次年，仁宗召李觏为太学直讲。嘉祐四年（1059），以迁葬祖母，请假回乡，八月病逝于家，享年 51 岁，葬于凤凰山麓。李觏去世后，其弟子邓润甫曾将其遗书献于朝廷，后人纂集为《直讲李先生文集》（亦称《盱江文集》）。李觏所著之书，所立之说，皆力求“康国济民”，祖无泽称其“皆从大处起论”“极当时之病”“真医国之书”。现代著名学者任继愈主编的《中国哲学史》用较大篇幅述其思想，称其为唯物主义思想家。

看
听

四、正气丹心的白鹭洲书院

在赣江中游的吉安城中，因赣江泥沙长期冲积，江中形成了一个约 0.16 平方千米的梭形沙洲。洲岛四面环水，波光粼粼，洲中古木葱茏，幽静秀美。因洲上白鹭成群，并与李白“三山半落青天外，二水中分白鹭洲”之名句相合，前人将此洲命名为白鹭洲。白鹭洲江水流，风帆沙鸟，烟云竹树，幽静别致，是求学穷理之佳地。洲上有以连续办学近 800 年、人才辈出而闻名于世的白鹭洲书院。白鹭洲书院从开建到开学，从开学到教学，都是围绕着正气的养成这个主题而展开的。

白鹭洲书院的创办者为南宋爱国名相江万里。江万里（1198—1275），字子远，号古心，江西都昌县人。江万里天资聪颖、博学多才，青年时期求学于白鹿洞书院，是朱熹的再传弟子。南宋嘉熙四年（1240），江万里任吉州知军，兼提举江西常平茶盐。在吉州任职期间，见白鹭洲“二水中分”“诸峰环绕”，远离闹市，环境优美，是修身养性、开堂讲学的绝佳之地。吉州又是理学大家程颐、程颢过化之区，文化教育氛围浓厚，为景仰先贤、培育人才，遂于淳祐二年（1242）效仿朱熹白鹿洞书院规划，将这所吉州最高学府设在江中的白鹭洲上。在他看来，读书既要有名师名儒为模范，更要有智水仁山陶冶情趣。从此，他用一身正气开始了白鹭洲书院的筹建。创办之初，条件十分艰苦。短短几年时间，在江万里的关心下，书院修建了文宣王庙、棂星门、云章阁、道心堂、万竹堂、风月楼、浴沂亭、斋舍等建筑，并广泛收集图书，设立田产，置田租800石有奇，岁入租银50两供给办学。

创建之初，书院山长没有合适人选，江万里亲自讲学其中，载声载笑，从容于水竹间，忘其为今太守古诸侯。时值南宋朝廷风雨飘摇、内外交困的危急时刻，外有蒙古族虎视眈眈、大军压境，内有奸臣专制横行。江万里处江湖之远而感怀国事，他在白鹭洲书院中加强对生徒的品行修养教育，宣讲民族正气，并根据时事国情明确了白鹭洲书院立身名节、切身实用、敢于担当的办学宗旨，要求学生树立家国之志，奋发图强，用学识挽救国家于危亡之中。

欧阳守道是白鹭洲书院首任山长。欧阳守道（1208—1272），字公权，号巽斋，庐陵（今江西吉安市）人。受

白鹭洲书院内景

江万里聘请，宝祐二年（1254），执掌白鹭洲书院，秉承江万里开创的立身名节的办学宗旨，始终把崇尚气节、励志践行当作育人的根本，注重用高尚的道德以及精深的学识教育生徒。他对学生循循善诱，学生听课，如坐春风。在这种办学目标影响下，白鹭洲书院培养出了众多节义慷慨之士，其中最为著名的就是南宋名臣文天祥。文天祥（1236—1283），初名云孙，字履善，一字宋瑞，自号文山，江西吉州庐陵县（今吉安市）人，南宋末政治家、文学家，抗元名臣，民族英雄，在书院度过了一年多的学习时光。其求学期间，正值欧阳守道任书院山长。文天祥回忆道：“先生之德，其慈如父母，常恐一人寒，常恐一人饥。”“其与人也，如和风之着物，如醇醴之醉人。”

宝祐四年（1256），文天祥赴京城临安参加省试，以一篇“法天不息”的策论赢得了理宗皇帝的赞赏，认为这是国之祥、宋之瑞，钦点其为状元。宋理宗听闻文天祥肄业于吉州白鹭洲书院，并得知本榜吉州进士 39 人，深感吉

书院

白鹭
白鹭洲书院

白鹭洲书院内景

州文风鼎盛、人才辈出，亲自书写了“白鹭洲书院”的匾额颁赐书院，从此书院名扬天下，与白鹿洞书院、鹅湖书院、豫章书院并称为“江西四大书院”。

白鹭洲书院对文天祥的影响重大，后来，文天祥虽在各地做官，但与江万里、欧阳守道等恩师书信未断。时世道动荡，风雨如晦，江万里有感自己年事已高，不能为国效力，把挽救危局的希望，寄托在文天祥身上。文天祥没有辜负恩师的期望，践行了其教诲：在国家危难、外族入侵、人心涣散、社稷将倾的严峻形势下，作为一介书生和地方官，以九死一生的气概，与元军展开了殊死的斗争。虽然没有办法挽救南宋的颓势，但他仁至义尽、忠君报国的精神却激励影响着庐陵后学。从此，“人生自古谁无死，留取丹心照汗青”这一经典爱国名句激励着一代又一代的爱国志士建功立业、尽忠报国！

《痛斥群逆》杨金星 / 现代

白鹭洲书院师生一直以忠孝节义、慷慨为国著称天下。

江万里刚直不阿，一身正气，力主抗战卫国。宋末隐居都昌乡间，元军攻克襄樊，他知道宋运难保，凿池芝山后圃，扁其亭曰“止水”。元军紧逼，江万里说：“大势不可支，余虽不在位，当与国为存亡。”及饶州城破，江万里赴“止水”身亡。江万里左右和儿子相继投入沼中，积尸如叠。第二天，江万里的尸体从水中浮出，大家将他草草地收殓。江万里家族 200 余人殉国，阖门死节。

欧阳守道是江万里之后的山长，崇尚节义，认为无论君民，都应讲究气节。君主守国，“国者，先君之国，为先君守之，守之不可，则继之以死”。文天祥曾称赞欧阳

白鹭洲书院内景

白鹭洲書院

白鹭洲书院内景

守道“与人臣言依于忠，与人子言依于孝，先生之心，其真如赤子”。

邓光荐，字中甫，号中斋，庐陵人，与文天祥同年又同里，以诗文相好，同在白鹭洲书院肄业，宋理宗景定三年（1262）登进士第，官至秘书丞，权知礼部侍郎。文天祥举兵勤王，他大力襄助，后从宋帝逃亡，宋亡，誓不降元，一再投海，被元兵钩起，劝降，不从，与文天祥同被押赴大都。两人一路作诗唱和，行至建康，邓光荐因染疾未行，后归隐吉安，设法让文天祥文集流传于世。

刘辰翁，字会孟，号须溪，庐陵人，与文天祥同学于白鹭洲书院，是邓光荐同科进士，廷对时曾痛斥奸臣贾似道。宋亡后，隐居不仕，是著名的爱国词人。

吉州一大批忠节之士出自白鹭洲书院，如掩护文天祥避难而被元军烹死的刘子俊、父子四人为国捐躯的刘洙、文天祥就义后将其归家安葬的张千载、生祭文天祥的王炎午等等。刘辰翁说，白鹭洲书院的学子们宿义理、言义理、矫质习、存气象，不唯文字，而注重立身名节，这都是江万里、欧阳守道言传身教的结果。

五、保存最完整的家族学校：燕山书院

燕山书院，位于江西省遂川县堆子前镇鄢背村井下组，始建于清乾隆五十九年（1794），竣工于嘉庆十一年（1806），占地约3000平方米。“燕山”之名取自《三字经》：“窦燕山，有义方；教五子，名俱扬。”五代时，燕山人窦禹钧教育儿子很有方法，言传身教，他教育的五个儿子都科举成名。书院的创办者是黄义方及其族人，“义方”也与“燕山”典故相呼应，是创办者对后辈成才的殷切期望。

黄氏的正亮堂建筑群气势恢弘，大屋包含“九厅十八井”，其间有培元桥、作善桥、雨读桥、晴耕桥、稻香亭、仙人井、黄氏正祖祠、燕山书院、耕读广场。正亮堂鼎盛时期有300多人居住。燕山书院现存建筑面积约1900多平方米，主体建筑为前后二进、面阔五间、中间天井两旁附厝的四合院体建筑格局，建筑朴实大方。书院顶梁、壁

燕山书院壁画

板上绘有百幅中国彩绘画，以及镌刻有“文行忠信”“天地吾庐”“古今我友”等院训，正楼背面有“终生乐境”四个大字，寓意燕山书院是让人终身受益的地方。院内有许多错落有致的小房间，用以班级授课，是江西保存最完整的家族书院建筑。

家族及亲戚子弟来书院习读，全部免除学费，教师有本族的博学之士，也有外地请来的先生。200 余年，弦歌不辍，人才辈出，成绩斐然，从这里走出去的人才，有安徽汝宁知府周埙（进士）、广西太平知府黄存铨（进士）、婺源巡检黄仁波、奉直大夫黄存缨和黄常棠等。

六、官办省城书院的典范：豫章书院

南昌豫章书院发端于罗从彦。罗从彦（1072—1135），福建南平罗源里人，祖籍南昌，因不忘由来，故号“豫章先生”。南宋端平元年（1234），朱熹得意弟子李燔拜谒了罗从彦的故居退思楼，在南昌建豫章书院，弟子饶鲁侍讲。

罗从彦是宋代理学奠基人程颢（1032—1085）、程颐（1033—1107）的首传弟子杨时（1053—1135）的得意学生，杨时曾曰：“惟从彦可与之言道，吾弟子千余人无及从彦者。”朱熹的父亲和师尊李侗（1093—1163）都曾拜罗从彦为师，而朱熹二次从学李侗。罗从彦上接程颢、程颐、杨时，下传李侗、朱熹。可以说，罗从彦是宋代理学发展和传播的关键人物。

历史上除江西南昌有豫章书院，福建、广东、贵州也

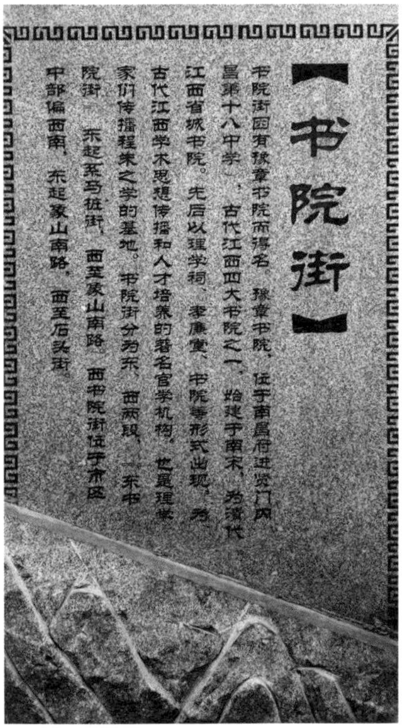

豫章书院旧址所在街道——书院街

建有豫章书院传播理学。由于从彦先生祖籍南昌，加上南昌的府治位置远优于福建、广东、贵州的豫章书院，南昌豫章书院初建伊始便声名鹊起，成为“豫章书院”整体的象征。

康熙三十一年（1692），江西巡抚马如龙恢复豫章书院，选拔全省优秀人才入学，马如龙亲自拟定学规、甄别教材，并亲自主讲，恢复后的豫章书院由创建时的私办、官督、官扶民办完全转化为官办。

康熙年间，为褒奖成就卓著的地方官员，康熙皇帝经常赐书赐额。江西巡抚白潢（1660—1737），工作勤勉，调任江西前在贵州任职有口皆碑。康熙五十八年（1719）七月，康熙皇帝为豫章书院题写“章水文渊”，表达他对白潢在江西工作的赞赏，同时也是对正在纳入科举教育的豫章书院发展的肯定。为此，白潢亲撰《豫章书院碑记》记录这一扬名盛事，豫章书院从此步入最佳发展期。

雍正二年（1724），巡抚裴倖度拨款重修书院，裴倖度还行文县乡，规定荐选名额，选岁科两试俊秀者入豫章书院，亲自选聘书院科目讲习，并聘康熙年间进士陶成为山长。陶成专为豫章书院编写了《豫章书院四书讲习录》12卷，将其作为讲解“四书”——《大

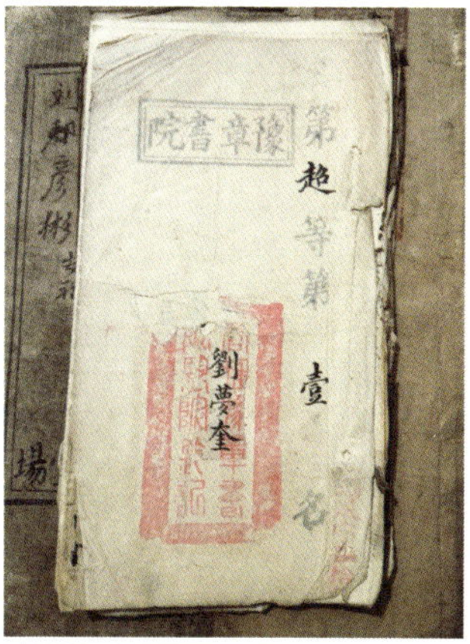

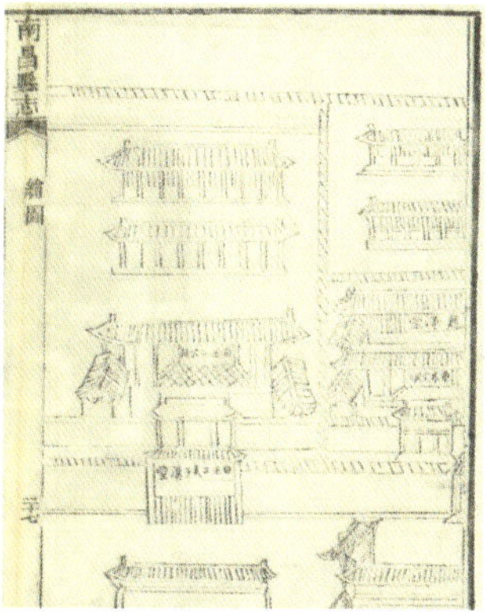

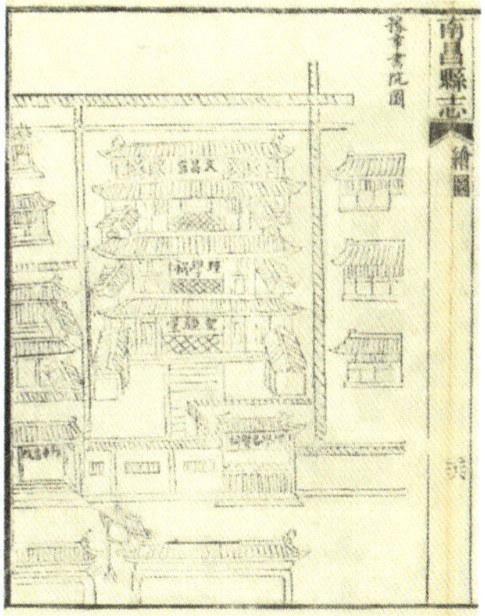

十八中门口“豫章书院旧址”石牌

豫章书院课卷

清雍正豫章书院全图

老豫章书院牌匾

学》《中庸》《论语》《孟子》的教本，全省通用。

雍正十一年（1733），诏令各地建立省城书院。豫章书院享受帑金1000两，用此钱购二百七十九亩零，每年额收租谷310余石，以供书院食用。

乾隆七年（1742），江西巡抚陈宏谋（1696—1771）亲撰《豫章书院学约十则》（立志向，明义利，立诚敬，敦实行，培仁心，严克治，重师友，立课程，读经史，正文体）以及《豫章书院仪节》，具体至每年每月每日必有行为，乃至敬惜字纸，不能秽用“五经”词义及贤达姓名。《豫章书院学约十则》不仅发至省内各书院仿照执行，而且对全国书院都有很大的影响，豫章书院已成为省内外有影响的著名学府。

因为几任江西巡抚的出众才干和努力，豫章书院先后得到康熙、雍正、乾隆三位皇帝的重视，从此与白鹿洞书院、鹅湖书院、白鹭洲书院齐名为江西“四大书院”。

道光十一年（1831），江西巡抚吴光悦（1759—1831）在书院内兴建乡试考棚，弥补江西乡试考场不足。这一年吴光悦已年73，且南昌县等31个州县的圩堤、田产都被淹没，公务繁重，积劳而卒于任上。光绪七年（1881），江西巡抚李文敏（1817—1890）为对全省举人进行会试、殿试考前强化训练，在豫章书院内乡试考棚原址建孝廉书院（举人书院），形成了豫章书院“日常教学”和“科考补习”的双轨学制。至此，豫章书院成为全省科举考试和教育的中心。

光绪二十八年（1902），豫章书院改为江西大学堂，不久改江西高等学堂。民国改工业专门学校、省立甲种工业学校。原址现为南昌十八中。

七、客家书院的代表：奎光书院

看 听

客家人崇文好学，非常重视客家子弟的教育，为了光耀门第，客家人往往集中全家、全家族甚至全宗族的力量送他们的子弟读书。客家书院是客家人接受教育的地方，铜鼓奎光书院就是客家书院的代表。铜鼓县是赣西北边境山区县，地处江西西北边境湘鄂赣三省交界之地，因城东有一巨石，色如铜，形似鼓，击之有声，故名铜鼓。铜鼓山川奇秀，民风古朴，只因地处偏远，子弟缺少教化，故被山外人视为蛮荒之地，虽有私塾数处，但多为富庶子弟的去处。客家人为避战乱、饥荒，自中原辗转至此，多依山择岭而居，人口分散、生活贫寒，能上学读书者甚少。清乾隆四十年（1775），客家人周至衡挺身而出，倾家资，广集资，兴办书院。奎光书院初为奎光堂，清道光十七年（1837）改名为奎光书院。清光绪三十二年（1906）废科

举办学堂，改作“奎光高等小学”。奎光书院旧址位于铜鼓县永宁镇城南路 15 号，现存建筑为土木结构，前后两栋，面积为 340 余平方米。

奎光书院自创建以来，历经沧桑，在铜鼓早期教育史上占有重要的地位，铜鼓客家有名之士多出自该书院。大革命时期，这里成为点燃铜鼓革命烽火的策源地，于 1925 年创立了宜春地区第一个党支部——中共铜鼓支部。1927 年 8 月，秋收起义部队三团一营驻扎于此，并在墙上写下“南昌暴动”等大量革命标语。奎光书院是铜鼓县最早的高等教育场所，是重要的革命旧址，也是革命标语保存最多、保护较完好的地方，被列为省级重点文物保护单位。

书院主楼走廊

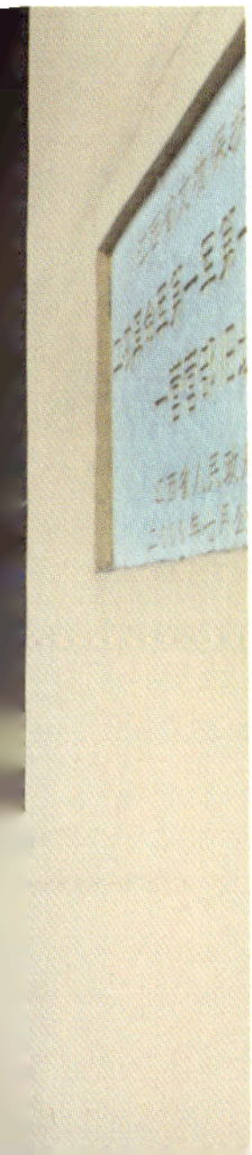

奎光书院全景

八、红光闪耀的龙江书院、潋江书院

看

听

江西不少书院见证了中国革命的历史，中国共产党的很多历史事件是在传统书院发生的，其著名代表有龙江书院、潋江书院、凤巘书院等。

井冈山的龙江书院是第二次革命时期八一起义和秋收起义之后，朱德、毛泽东两支部队会师的地点。书院始建于明万历二十三年（1595），清道光二十年（1840）重建，坐落在井冈山市宁冈县城（现已并入井冈山市）龙江河下游，建筑面积为2000多平方米，占地5000多平方米，坐西朝东，背靠五虎岭，面对龙江河，纵深为前后三进，面阔左右三栋。大门悬挂“龙江书院”黑漆描金木匾额，中厅明道堂为授课场所，后进文星阁可登高远眺，依次以中天井相接。左右回廊与南北厢房连通。分设锦心斋、启秀斋、崇义祠、报功祠、珍席斋、步月斋、梯云斋、漱芳斋等。书院前用麻石条砌置泮池，辟状元桥跨拱其上。宇内九井十八厅，回廊曲径相通，文星阁高达三层，斗拱挑檐，登楼远眺，风光尽收眼底，阁顶藻井装饰双龙戏珠浮雕，栩栩如生。

1927 年 10 月，毛泽东同志率工农革命军来到宁冈，安家茅坪。为培养中初级军事指挥干部和地方武装指挥人才，于 11 月底在龙江书院开办工农革命军军官教导队（后改称红四军军官教导队），首批学员有谭震林、贺敏学、张令彬、陈士榘等，共计 150 余人在此既学政治又学军事，前后两个月余。

1928 年 4 月下旬，朱德、陈毅同志率部来到宁冈龙市，与毛泽东部会师。毛泽东、朱德两位中国革命巨人又在书院文星阁实现了历史性的第一次会面。

1951 年，中国国防大学寻根问源，将龙江书院开办的教导队立碑称为“中国第一所军校”。张震将军欣然命笔题“我军军事院校的摇篮”。

龙江书院

龙江书院中的井冈山会师会谈地

潋江书院坐落在兴国县城潋江之滨的文昌路西侧，坐北朝南，始创于清康熙五十七年（1718），在城北瑶冈之麓，乾隆三年（1738）由兴国知县徐大坤迁建于今址。书院由门庭、讲堂、拜亭、魁星阁、文昌宫、崇圣祠等组成，建筑面积 1689 平方米，占地面积 4903 平方米，雄伟壮观，具有浓厚的赣南民族特色。书院右前方为牌坊式门楼，坐西面东，歇山顶，翘角凌空，屋脊的两端，堆塑鲤鱼相向倒立，中间塑有葫芦宝瓶。门额上楷书阳刻“潋江书院”四个遒劲大字。进入前院，向北登石阶来到中门，这是一栋硬山顶的二层楼房，共五间，中为大门，门额上楷书阳刻“秀江双江”四字，门檐下竖木质檐柱一对。

跨过门庭，步入中庭院，上石阶进入讲堂。讲堂为砖木结构，一厅二间，硬山屋顶。飞檐翘角上诗画相间。前

潋江书院

有轩顶檐廊，四根圆形木质檐柱支撑飞檐。厅之后墙开和合板门，左右各一耳门通外。讲堂东侧有学舍六间，西侧九间。

穿过讲堂跨过天井，上两级石阶为拜亭。亭之四角各一根圆木丹柱支撑硬山屋顶，四周均系木质隔扇花格长窗，前后开隔扇门。两侧配有厢房，厢房与拜亭之间为游走廊。魁星阁位于拜亭之后，比拜亭高五级石阶，重檐歇山顶，木质结构，四柱四角。阁顶有堆塑“双龙戏珠”。

正面两檐之间有“魁星阁”三字的横额悬挂于阁顶和阁棚之间。顶棚藻井饰以“鲤鱼跳龙门”浮雕。条石阁基，左右两侧围以红石栏杆。

魁星阁后即文昌宫，砖木结构，硬山屋顶。六根红石株角方柱立于宫中。顶棚正中有藻井，凹面为“龙凤呈祥”浮雕。左右厢房有楼，两侧山墙各开一耳门。崇圣祠位于文昌宫东侧，砖木结构，歇山顶重檐翘角，四周均有斗拱，红墙丹柱，双开木雕花格窗隔扇大门，四根木质圆柱支撑顶棚，天花彩绘栩栩如生。顶棚正中之藻井饰以“双狮滚绣珠”浮雕。

祠前两栋楼房均系土木结构，楼房正面墙上仍保留苏区标语“二期战争胜利促进全国革命高潮”“白军士兵是工农出身，不要替军阀杀工农”等 12 条。

1929 年 1 月，中国工农革命军第四军党代表毛泽东、军长朱德率领红军主力向赣南闽西进军，于 4 月中旬来到兴国发动群众，开展革命斗争，毛泽东住潋江书院之文昌宫。毛泽东主持召开了党团活动积极分子会议，传达了中国共产党第六次全国代表大会精神，主持制定了《兴国县土地法》，并颁发了《兴国县革命委员会政纲》，举办了土地革命干部训练班。1933 年 3 月至 1934 年 10 月，兴国县苏维埃政府驻潋江书院，领导兴国人民在扩红参战、土地革命斗争、经济建设、文化教育等方面取得了卓越成绩。

在第二次全国苏维埃代表大会上，中华苏维埃共和国中央政府授予兴国县“苏区模范县”的光荣称号。毛泽东住书院期间，常常挤出时间到这里读书看报，查阅

讲堂

崇圣祠

"三程过化"牌坊

潋江书院内景一角

《兴国县志》，了解兴国的政治历史、经济状况和风土民情，并在这里写下了著名文章《长冈乡调查》，并选进了《毛泽东选集》第一卷。毛泽东在1934年1月27日中央苏区第二次全国工农代表大会上所作的结论上说："兴国的同志们创造了第一等的工作，值得我们称赞他们为模范工作者。"

修水凤巘书院也是一座有着红色历程的书院，清同治三年（1864）建于修水县城，坐落在修水八景之一"凤巘朝阳"处（今县政府招待所所在地），由知州邓国恩倡集八乡本籍绅董按数捐费修建。书院建屋三重，中为讲堂，右为山长评阅课讲卷之所，左为首事经理经费之所，前列书舍60间，以"智""仁""圣""义""中""和"六字编号，为士子肄业之处。清末改为义宁州高等小学堂。

1927年7月，中共中央在汉口召开临时政治局常委会议，决定在湖南、湖北、江西、广东举行秋收暴动。8月7日，中共中央召开紧急会议，确定了武装反抗国民党反动派屠杀政策和开展土地革命的总方针。8月中旬，原计划参加南昌起义的国民革命军第四集团军第二方面军总指挥部警卫团和平江工农义勇队进入修水县城，为秋收起义积极做准备。8月30日，中共湖南省委会议上，明确由毛泽东任前敌委员会书记，秋收起义部队称中国工农革命军第一军第一师，旗号定为"镰刀斧头"。秋收起义时，工农革命军第一军第一师第一团就驻在凤巘书院。当时该团有兵力1500余人，团长由钟文璋兼任。1927年9月9日凌晨，全体官兵颈系红领带，臂配红袖章，举行誓师大会，秋收起义第一枪划破长空。

第三章 书院繁荣推动理学昌盛

江西文化符号

SHUYUAN FANRONG TUIDONG
LIXUE CHANGSHENG

理学，又名道学，是宋元明清时期主要的学术流派，是中国古代最为精致、最为完备的思想理论体系，影响深远巨大。江西是中国理学最发达的地区之一。我们以明末清初学术大师黄宗羲、全祖望的学术巨著《宋元学案》《明儒学案》为依据，来考察江西学术，尤其是理学在全国的地位。

《宋元学案》共有学案 100 个（含学略 4 个，党案 1 个）。学案传主属于江西的有庐陵学案（欧阳修）、玉山学案（汪应辰）、梭山复斋学案（陆九韶、陆九龄）、象山学案（陆九渊）、清江学案（刘清之）、槐堂诸儒学案（傅季鲁等）、双峰学案（饶鲁）、存斋晦静息庵学案（汤千、汤巾、汤中）、巽斋学案（欧阳守道）、介轩学案（董梦程）、草庐学案（吴澄）、静明宝峰学案（陈苑）、荆公新学（王安石）共计 13 个，占全学案的 13%。而在江西长期活动的周敦颐和朱熹（祖籍在江西）尚未计算在内。

《明儒学案》共有学案 64 个，学案为首的人物则有吴与弼、胡居仁、夏尚朴、邹守益、欧阳德、罗洪先、刘文敏、王时槐、邓以赞、胡直、邹元标、宋仪望、罗汝芳、吕怀、洪垣（婺源人，今属江西）、罗钦顺、李中，共计 17 人，占全学案 26.5%，这里尚未统计长期在江西活动的浙江余姚人王守仁。学案收录学者 206 人，江西籍的有 48 人，占总数的 23.3%。

宋元明时期的上述学者，以理学家为主。江西理学的学派和学者，在全国有如此之高的比例，是与江西书院发达密切相关的。书院和理学有着密不可分的联系。书院是理学的传舍，理学是书院的灵魂，对书院建设和发展的重要推动者是宋元明清时期的理学家。白鹿洞书院是朱子学的“圣地”，“白鹿薪传”是朱子理学的代名词。同样，周敦颐、程颢、程颐、陆九渊、吴澄、吴与弼、王阳明等理学大师长期在江西活动，书院与理学迭相鼓应，互相促进。

一、周敦颐开启多地的濂溪书院

最早使书院和理学发生联系的，是宋明理学的奠基人、哲学家和教育家周敦颐。

周敦颐（1017—1073），字茂叔，名敦实，因避讳改敦颐，自号濂溪。道州营道县（今湖南省道县）人，后人称他为濂溪先生。在远离道县县城10多公里处，有一条河叫濂溪，这就是周家世代居住的地方。像所有少小离家而事业有成的文人一样，周敦颐对家乡的山山水水一直怀着深深的眷念。周敦颐晚年在庐山设馆讲学时，在山北的莲花峰下发现一条与家乡的濂溪相似的无名小溪，立刻就被触动了乡思。他给小溪取名为濂溪，随后又在溪边创设学舍，取名濂溪。濂溪先生的称谓即由此而来。

周敦颐被称为“道学宗主，理学开山”，是宋明理学的开山祖师。他在代表作《太极图说》与《通书》中，提出的“无极”“太极”“阴阳”“五行”“动静”“主静”“至诚”“无欲”“顺化”等理学基本概念，为后世的理学家反复讨论和发挥，构成理学体系中的重要内容。

庆历六年（1046），周敦颐由大理寺丞知虔州兴国县（今赣州市兴国县），县令程珦看到周敦颐气度非凡，与他谈话后，认为周是个很有学问的人，于是与周成为好友，要两个儿子程颢、程颐兄弟拜周为老师。程颢后来回忆说，十五六岁时，与弟弟程颐在周敦颐处论学，“遂厌科举之业，慨然有求道之志”。后来的程颐、程颢以及朱熹的学说，便是在周敦颐原有的思想基础上更加完善化、系统化。

周敦颐是学者兼官员，长期在江西做官。先后为洪州分宁县（今九江市修水县）主簿、南安军司理参军（治所在今赣州市大余县）、洪州南昌（今南昌市）县令、虔州（今赣州市）通判、知南康军（治所在星子县，最近改属庐山市），后定居庐山之麓。最后终老江州（今九江市），遗嘱子孙为江州人，子孙于是以此为家。

周敦颐也是一位教育实践者。他热衷于修建书院。在江西书院史上有一个有趣现象，就是江西各地与周敦颐有关的书院有10多处，遍布分宁（今修水县）、芦溪、南昌、江州（今九江市）、赣州等地，其中仅以“濂溪”命名的就至少有6所，此外还有“景濂”“宗濂”“清濂”等书院。这是因为周敦颐长期在江西做官和讲学，江西是他的

周敦颐塑像

第二故乡。周敦颐对江西有非常深厚的感情，他在江西修建的第一所书院，是康定元年（1040）在分宁（今修水县）县任主簿时创办的景濂书院。在分宁期间，周敦颐一边广交学界朋友，切磋学术，一边创建书院，收徒讲学。庆历元年（1041）兼任袁州萍乡县芦溪镇监税官时，因袁州地方追随他的士子太多，他便利用职务的便利，把在芦溪的公廨改成书院，称宗濂书院，这便是他在江西修建的第二所书院。

在周敦颐修建的众多书院中，最著名的应该是九江的濂溪书堂。嘉祐六年（1061），45岁的周敦颐任国子监博士，通判虔州（今赣州市），途经九江，第一次领略到庐山的如画美景，不禁怦然心动，当下就有卜居之意。几年后，周敦颐从虔州调任南昌知县。他再次登庐山，览胜景。在山北莲花峰下，一条清澈的小溪蜿蜒从山洞流出，与周敦颐日思夜想的故乡溪水非常相似。周敦颐望着小溪，心潮起伏。当他得知此溪尚无正式名称时，遂以“濂溪”命名。于是周敦颐在这里购地筑堂，一以传道讲学，一以隐居终老，是为濂溪书堂。熙宁四年（1071），周敦颐知南康军，定居书堂讲学，其在虔州收的学生也追随至此，濂溪书堂从此具备了书院的教学性质。

周敦颐逝世后，濂溪书堂年久失修，逐渐荒芜。周敦颐逝世 103 年后，南宋淳熙三年（1176），江州知县潘慈明、通判吕胜己

萍乡市芦溪县濂溪书院

在朱熹的支持下，按书堂原貌加以重建和扩建，定名濂溪书院，祀周敦颐，朱熹为之记。后来朱熹、吴澄皆曾讲学于此。宋元以来，濂溪书院屡毁屡建，光绪二十八年（1902）改为九江府中学堂。

从周敦颐开始，书院与理学便结下了不解之缘，由濂溪到二程而至朱熹，理学因书院不断发展完善，书院因理学而愈加繁盛兴旺，理学大师以讲学书院而传播己说，书院因理学大师讲学而声名远播。

二、「鹅湖之会」与鹅湖书院辉映理学史册

朱熹理学和陆九渊心学是南宋最主要的两大思想派别。淳熙二年（1175）六月在信州铅山（今属上饶市）的鹅湖寺，朱熹与陆九渊、陆九龄兄弟在这里发生过一次名闻天下、影响深远的学术辩论——“鹅湖之会”。在会上，他们各执己见，相互辩难，交锋激烈，波澜迭起。自此以后，“鹅湖之会”驰誉史册，人称其为中国学术史上的一大盛事，是春秋战国以来所未有的百家争鸣的典范。

朱熹和陆九渊兄弟缘何辩论？辩论的内容又是什么？这里就不得不说到促成这次辩论会的关键人物吕祖谦。

吕祖谦，字伯恭，南宋著名理学家、文学家，与朱熹有同门之谊，他们书信往来，论学谈道，引为知己。吕祖谦又是陆九渊的恩师和伯乐。乾道八年（1172），34 岁的陆九渊参加科举考试，主考官就是吕祖谦，他一看试卷，

鹅湖书院

大加赞赏，陆九渊得中进士。可以说，他与朱、陆两人十分要好。

朱、陆二人虽然都是吕祖谦的好朋友，但学术观点却迥然相异：

朱熹认为“理”是世界的本原，而陆九渊认为人的“心”是世界的本原。

朱熹和陆九渊都认为“道”指的是伦理纲常，但对怎样到达这个“道”，两人却有不同的看法。朱熹主张先“道问学”，即通过外物去体认，而陆九渊则主张先“尊德性”，不必他求和向外寻找，应向内体认。

在为学方法上，朱熹认为“泛观博览而后归之约”，

四贤祠内朱、吕、二陆塑像

陆九渊认为“先发明人之本心，而后使之博览”。

吕祖谦为了调和两人的学术分歧，于是约陆氏兄弟二人前来鹅湖寺与朱熹会面讨论。

鹅湖寺位于铅山鹅湖山麓，因山上有鹅湖得名。唐大历年间（766—779），大义禅师在鹅湖山峰顶创建峰顶禅院，北宋初，禅院移至山下，后人称该寺院为“鹅湖寺”。鹅湖寺周围林木蓊郁、鸟语花香，流泉飞瀑，静中寓动，是绝妙的佳处胜境。

淳熙二年(1175)，吕祖谦、朱熹先来到鹅湖寺，六月初，陆九渊和陆九龄兄弟也应约前来，辩论会拉开了序幕。除朱熹、二陆兄弟外，还有浙江学者刘子澄、赵景明、潘叔度等，陆子门人和朱子门人几十位，场面宏大，规模空前。

在第一天的论辩中，朱熹和陆九渊的学术矛盾已经全部摆出，朱陆展开激烈的辩论。朱熹抨击陆九渊的学说“太简”，而陆九渊则讥讽朱熹学说“支离”。两人言辞犀利，互不退让，辩论持续数天，参与者也群情激昂。

辩论到最后，陆九渊说，为学如果要从泛观博览开始，那么“尧舜之前，读何书来”！尧舜之前连文字都没有，读什么书呢？但尧舜还是成了公认的圣人。

辩论结束，吕祖谦“会归于一”的目的没有达到，却没想到双方都坚守其说，辩词偏激，反而闹了个莫衷一是，有些不欢而散。朱熹和陆九渊之间横着一条难以弥缝的鸿沟。

虽然学术上朱熹陆九渊互为论敌，但私交却很好。白鹿洞书院兴复后，朱熹邀请陆九渊前往讲学；陆九渊

也表达过对辩论时言辞过激的追悔和对朱熹的敬佩之情。

“鹅湖之会”内容丰富，气氛热烈，将中国古代道德修养的两种方法首次置于“短兵相接”的境地，对后世产生了巨大而深远的影响，是中国思想史上一个划时代的里程碑。“鹅湖之会”之后，通过开展学术讲会在书院教育中逐步形成制度，“鹅湖之会”也被认为是中国古代学术争鸣的代名词以及学术平等精神的象征。

“鹅湖之会”之后，宋嘉定元年（1208）前后，朱熹门人铅山徐昭然在“鹅湖之会”的会址——鹅湖寺聚徒讲学，供奉朱熹、陆九渊、陆九龄、吕祖谦，取名“四贤祠”。宋淳祐十年（1250），宋理宗赐名“文宗书院”，至此，鹅湖书院规制基本确立。清康熙五十六年（1717），皇帝为鹅湖书院题写匾额一幅（“穷理居敬”）及楹联一对（“章岩月朗中天镜，石井波分太极泉”）。南宋

鹅湖书院内景

至清代的800多年间，鹅湖书院几次遭兵毁，又几次重建，办学一直延续到清末。今天书院风貌依旧，格局完整，环境优雅，古意盎然。

书院坐南朝北，讲堂在中心位置，突出“居中为尊”的理念，最高处为御书楼，置于轴线尽端，中轴对称，层层递进，主次分明。照墙、头门、石坊、泮池、仪门、讲堂、四贤祠、御书楼等自北而南次第而建，泮池两旁的东、西士子号房则相向而造。

书院的正门——头门，上有匾为“敦化育才”，柱两侧楹联为“朱陆之讲席犹存，鹅湖钟川岳英灵”。

由头门沿着中心轴线向南深入，矗立于泮池与头门之间的石牌坊，始建于明正德六年（1511）。正面额匾为“斯文宗主”，背面额匾为“继往开来”。

书院的主体建筑——讲堂，挂有楹联“自古乾坤惟此理，至今山水有余光”。讲堂以南即为狭长、空旷的庭院，庭院南侧为御书楼，御书楼南侧为后庭院，南侧正中为半月池，又名“洗笔池”。

明人李奎说：“大江以西，古称文献之邦，书院之建，不知有几？惟鹅湖之名与白鹿并称天下。”清人施德涵说：“海内称四大书院，西江有二焉，故鹅湖讲堂与白鹿洞并峙千古。”今天的鹅湖书院，是上饶市爱国主义教育基地，2006年5月，被国务院批准列入第六批全国重点文物保护单位名单。

三、南宋四大书院之一：象山书院

在今天江西贵溪上清镇东南有一座应天山，山势呈“n”字形，两山回合其前，如两臂环拱，臂间有田百亩，可供耕读。应天山面向东南，叠嶂层峦，近者数十里，远者数百里，缥缈磊落，争奇竞秀。而让应天山声名在外的是南宋时期在此处创建的著名书院——象山书院。

在江西众多书院中，象山书院可谓独树一帜，具有十分重要的历史地位，是南宋“天下四大书院”之一。其原因在于象山书院是一个独特思想流派的载体，是传承陆九渊心学理论的主要阵地。陆九渊（1139—1193），字子静，号象山，江西金溪人，又因讲学于象山书院，被称为“象山先生”，学者常称其为“陆象山”。陆九渊是南宋著名理学家、思想家和教育家，也是心学学派的开山之祖。

乾道八年（1172），陆九渊进士及第，秋天，他回到

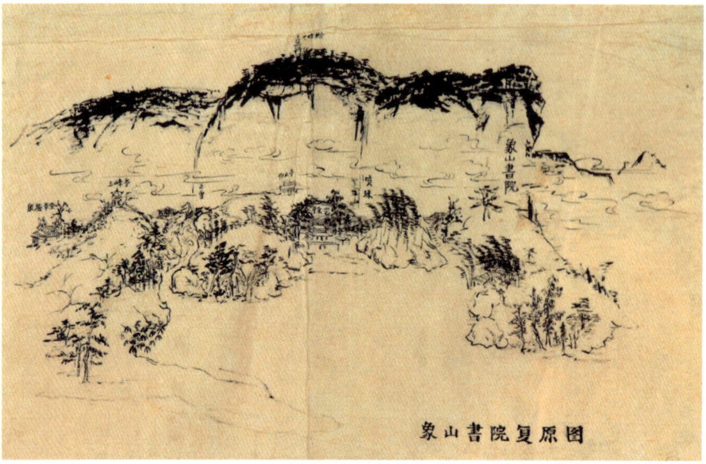

象山书院复原图

家乡金溪青田候职。这一下在家乡父老中引起了极大的反响，远近风闻而来从师问学的人非常多。后来，陆九渊担任过隆兴府靖安县主薄、建宁府崇安县主簿、国子监子正、敕局删定官等职，淳熙十三年（1186）领祠禄回乡。陆九渊回到金溪，来学者更多了，除了中青年学子，甚至乡里老者，也来虚心听讲。陆九渊每次来到县城讲学，环听的人多达二三百，于是将讲堂设在寺观。县官又在学宫开设讲习，听众不论贵贱老少，溢塞途巷。陆九渊讲学的盛况，前所未有。但由于地方太小，容纳不下众多前来拜访受教的学子，陆九渊于是一边在陆氏家塾——槐堂书院讲学，一边思考再办一所更大的书院，传授自己的学术。

在象山书院的创办过程中，有一位重要人物即陆九渊的门人彭兴宗（字世昌，金溪人）。淳熙十四年（1187），彭兴宗到贵溪访友，登上应天山，为“陵高而谷邃，林茂

象山书院的陆九渊塑像

象山书院

而泉清”的景致而陶醉，乐不思返，觉得这是读书讲学的好地方。他跟朋友们商量，要在山上结庐，请赋闲在家的同乡大儒陆九渊来讲学，朋友们十分赞成。当年冬日，陆九渊在彭兴宗的陪同下上山后，觉得山上气候宜人，是个读书治学的好地方，就答应了。只不过陆九渊觉得草庐太小，彭兴宗和朋友们经过一番努力，又在东山寺庙遗址建造了草堂。

第二年春天，陆九渊再次登上应天山，“顾视山形，宛然巨象”，于是改应天山为象山，自号象山翁，并在佳胜之处建一居所，称“象山草堂”，随后亲书匾额为“象山精舍”，是为象山书院之前身。当时彭兴宗家境清寒，陆九渊亦囊筐萧然，而应天山离县城七八十里，地处荒僻，交通不便。创办象山精舍，可谓困难重重，异常艰辛，陆九渊甚至把妻子的嫁妆典卖了一部分，一面孜孜讲学，一面率领学生开垦荒地，聚粮开道，筑室结庐，同甘共苦，开创精舍。经过他们苦心经营，象山精舍具备一定规模，四方学徒大集，前后有数千人之多，精舍一时名闻遐迩。

在象山精舍，陆九渊升堂开讲，往往有庄严肃穆的气氛，容色粹然，精神炯然，偶尔举经语为证，音读清响。学生听讲，整齐严肃，俯首拱听，没有喧哗。陆九渊讲学不仅仅是讲经，还特别注意启发人之本心，学生无不兴奋感动。陆九渊对学生常有细致缜密的读书指导，并且常常直指学生的思想矛盾，对他们进行有针对性的谈话。象山精舍管理学生，是不用学规的，靠的是学生的自律和学习生活环境的熏陶。在课外，陆九渊经常歌诗抚琴，并带着学生们漫游胜境，陶冶情操。

陆九渊槐堂讲学，使其心学体系得到初步确立。经过“鹅湖之会”后，陆九渊的心学观点和心学立场在当时学术界造成了巨大的影响，心学得到进一步发展与传播。后讲学象山精舍，心学理论体系得以完善，陆九渊心学宗师的地位最终确立。可以说，陆九渊是以书院为基地，开创和传播心学，促成了心学的形成和象山学派的建立。

陆九渊学派人数众多，有来自浙江四明的“甬上四先生”杨简、袁燮、舒璘、沈焕，来自江西的傅梦泉、邓约礼、邓远、傅子云、黄叔丰、彭世昌、陈刚、刘尧夫、朱泰卿等数千人。陆门子弟走出槐堂，走出象山，所到之处，举建书院，传习心学，极大地扩大了陆学的影响。

陆九渊在山中讲学五年，后奉调湖北荆门做地方官，在任上去世。陆九渊去世后，象山精舍日渐衰落。宋绍定四年（1231），陆九渊的二传弟子袁甫为缅怀先贤、弘扬陆学，将象山精舍迁建于贵溪县城河对岸的三峰山下的徐岩。绍定五年（1232），宋理宗御书“象山书院”匾额。书院内有祭祀陆九渊、陆九韶、陆九龄三先生的祠庙，以及学生的斋舍百楹。象山书院日益兴旺。元代象山书院废于战火。明成化二十年（1482），皇帝命再度修缮象山书院。象山书院在正德、嘉靖年间进入它的繁荣期，正德年间，著名文学家李梦阳在担任江西提学副使时，亲临贵溪对象山书院进行大规模的修整。正德五年（1510），明武宗诏刻“象山书院”四字于西峰石壁，至今犹存。昔日三峰山象山书院旧址，是今日贵溪一中校园。

四、引领元明理学的『草庐』和小陂书院

理学从北宋发脉，南宋高度发展，朱熹、陆九渊各立门户，不断争鸣。到了元代，形成朱陆合流的潮流。学术史研究者公认，元代理学最著名的学者是鲁斋、静修、草庐三人。鲁斋是许衡，静修是刘因，草庐是吴澄。其中，刘因去世很早，因此元代又有“北许南吴”之称。吴澄长期活动在有着肥沃的理学土壤的江南，植根于江西，所谓“正学真传”，直承南宋理学学统。现代中国思想史大家侯外庐说“吴澄可以说是从宋代程朱理学到明代王学的过渡”。吴澄是元代首屈一指的书院教育家，他和他的弟子形成“草庐学派”，利用书院授徒讲学，著书立说，推动了元代理学的发展。

吴澄（1249—1333），字幼清，晚字伯清，号草庐，世称草庐先生，崇仁人，其家乡咸口现属抚州乐安县。元

朝廷用汉法治国，广征江南儒士入仕，请吴澄至京师。不久，以母老辞归。朝廷命人至其家，尽录吴澄著作，置于国子监，供学者学习。吴澄曾任江西儒学副提举、国子监丞、国子司业、经筵讲官、《英宗实录》编修总裁，加起来的时间只有1—2年，一生孜孜讲学不倦，并撰写了大量学术著作，从教60年，直至去世。元代学术的主流是“和会朱陆”，而其集大成者就是吴澄。

吴澄（幼清）像

吴澄一生和江西书院结缘颇深。他青年时代肄业于抚州临汝书院，师事程若庸，与若庸之侄程钜夫为同窗。咸淳八年（1272），离开临汝书院的吴澄开启了周游讲学的生涯。他在家乡山中自建草庐数间，授徒开讲，同窗好友程钜夫感知其退而讲学之意，为题“草庐”二字，从此，人们便称吴澄为“草庐先生”了。吴澄山中讲学，终日粗茶淡饭，居住如道寮禅榻。弟子求学，多自带粮食而来，对于生活贫困的学子，吴澄又多供给衣食，草庐虽偏远僻静，但从学者却络绎不绝，四方之士来学山中者，常不下千数百人，可称得上是盛况空前。

吴与弼（康斋）像

吴澄在故里咸口讲学处正中堂旧址

吴澄还经常应邀赴外地书院讲学，如乐安县鳌溪书院、永丰武城书院、江州濂溪书院、建康（今江苏省南京市）王氏义塾等10多处书院，并在许多地方官学讲学，将自己的学说播撒于广阔大地，门人弟子千数百人，其代表人物有元明善、虞集、贡师泰、危素等。他们或出任中央及地方学校的学官，或担任翰林学士、翰林待制、史馆编修之类的文职，或讲学于民间书院与私塾。草庐学派是连接宋代与明代学术发展的重要环节，吴澄和他弟子们的学术贡献和影响，使江西在宋元之际“和会朱陆”的理学思潮之中，走到了全国的前列。

黄宗羲的《明儒学案》是叙述明代学术的巨著，一开篇就是崇仁学案，记述崇仁吴与弼，并且一写就是四个学案，叙述吴与弼的学生江西余干的胡居仁、上饶的娄谅等人。四个崇仁学案之后，接着就是白沙学案，白沙是陈献章，从广东来吴与弼这里学习，学成回去，自成一派。

明代理学的开山是吴与弼（1391—1469），他也是书院讲学大师。吴与弼，初名梦祥，字自傅，号康斋，抚州崇仁人。吴与弼19岁那年，见到了朱熹所编的《伊洛渊源图》，非常向往，于是放弃了追求功名利禄的科举，专心攻读四书、五经和程颢、程颐、朱熹的学说，数年不下书楼。他在家乡躬耕食力，授徒讲学。明洪熙、宣德年间，因前来求学者越来越多，于是在家乡崇仁县西北莲塘（今崇仁县东来乡）小陂村，创办了小陂书院，后人在此祭祀吴与弼，故又称康斋书院。书院创办之初，只是招收抚州周边的弟子，如临川的饶烈、饶岳叔侄，金溪的胡九韶、车弼宗、车泰等。尔后，随着吴与弼学识、道德的声名不断传播，越来越多的人来到书院跟随其学习。宣德五年（1430），为了规范书院教育、教学，吴与弼亲自为书院制定学规。

小陂书院实施耕读相兼的教育方式，把弟子置于艰辛的农耕劳作中，就是要让他们在艰难困苦的磨砺中，逐步形成“虽寒饥死，不敢易初心”的坚忍意志。他的耕读相兼有三种形式：耕途读书、耕中读书和耕余、农闲时读书。吴与弼常常披着蓑衣、戴着斗笠，拿着农具，和学生们在雨中耕作，一边劳动，一边谈乾坤八卦。回到书院，解下犁耙，一同吃着粗糙的粮食和简单的蔬菜。陈献章从广东来学，有一天，晨光才辨，吴与弼用手在簸着稻谷。陈献章还在睡觉，吴与弼大声说：“秀才，若为懒惰，即他日何从到伊川（程颐）门下，又何从到孟子门下？”可以说，小陂书院是中国书院史上实施耕读相兼教育方式的一个成功典范。

吴与弼的学术思想，兼采朱陆之长，融会合一，继承和发展了朱陆的思想。在小陂书院，吴与弼传递他的思想，培养了大批人才，形成了“崇仁学派”。胡居仁是吴与弼最著名的弟子之一，他常年跟随吴与弼学习，不尚记诵辞章，而专心内治。后回归家乡余干，先后创建了礼吾书院、南谷书院等，并先后两次赴白鹿洞书院掌教，制定了影响深远的《续白鹿洞书院学规》，他和他的弟子形成了著名的“余干学派”。

陈献章是吴与弼另一位著名的弟子。陈献章汲取了吴与弼的静观涵养之法，而开启了“白沙学派”，后陈献章的学生王阳明在师承之下开创了明代心学，成为心学的著名大师。可见，吴与弼与王阳明之间是有明显的学术传递关系。

五、「风声鼓舞」的王学书院与讲会

明代前期、中期的思想界相对沉闷而无新意，直至王阳明携心学思想而来，像明霞划破寂静的长空，给明代学术界带来新风，王阳明也成为与朱熹齐名的大思想家。

王阳明（1472—1529），名守仁，号阳明，浙江余姚人。王阳明虽然不是江西人，但其毕生的事功学术，成就于江西，并广布于江西。他生命中的许多第一次都发生在江西或与江西有关：大婚南昌、主政赣南、平定山贼、生擒宸濠、揭致良知、兴办社学、病逝大余等等。王阳明与江西书院的缘分尤其深厚。王阳明的思想与江西学人陈献章、娄谅等有传承关系，可以说，江西学人的学术思想是其思想的启明发端，而在其心学思想渐趋成熟时，他又来到江西。

正德五年（1510），阳明 39 岁，升庐陵县（今江西吉安县）知县，在此地仅八个月，积极将自己的学术思想贯彻于政教实践。庐陵是吉州（今江西吉安市）下属的一个县，从古至今，文教发达，文士辈出。庐陵往东 15 公里是青原山，山中有一座青原寺，创建于唐神龙元年（705）。自古以来，青原寺就是读书的圣地，宋代时朱熹等人曾在青原寺两侧的斋房内开设书院，取名“青原书院”。自宋代以来，青原书院和白鹭洲书院逐渐成为吉州地区的著名书院。吉州的历代名人中，大多有过在这两所书院读书或讲学的经历。王阳明任职庐陵期间，以及受命到南方戡乱，晚年再次拜访庐陵的时候，均在青原书院讲学。

正德十一年（1516）升督察院左佥都御史巡抚南赣汀漳等地后，王阳明有相当长的一段时间都在江西。在此期间，王阳明既设学校以广教化，又自己讲学授徒，以此来推行其学术，还大力兴办书院和社学，颁行社学教条、建旌奖节妇碑祠等等，教化南赣民众。在赣州城区设立五个书院，分别是义泉书院、正蒙书院、富安书院、镇宁书院、龙池书院。书院设立后，王阳明选择那些言行举止有礼的乡民入书院，教他们诵读诗歌、学习礼仪。王阳明在赣州的教化效果显著，赣州民风有了显著改善，可谓是民心向善，世风日新。

王阳明塑像

王阳明去世后，每年春秋两季，青原山都要举办大型的王学讲会。嘉靖十二年（1533）七月，王阳明的弟子邹东廓召集吉安府士人举行了第一次青原山讲会，讲会邀请了庐陵当时著名学者聂豹、欧阳德、罗洪先等王门弟子参加。次年（1534），第二次举办青原讲会，这次参与者多达200余人，成了吉安府九县士人参加的大型讲会。青原讲会持续数十年，讲会时，大江南北王门弟子不远千里而来，除青原书院的主要成员、江右王学的代表人物邹东廓、聂豹、罗洪先等人外，泰州学派颜钧、罗汝芳，甚至浙江学者钱德洪、王畿等人也不止一次参加，青原书院成了当时跨地区的大型学术集会、全国讲会中心之一。后人为纪念王阳明及其弟子，曾一度把青原书院的讲堂命名为“阳明书院”。青原山阳明书院的后院建有五贤祠，里面供奉着王阳明、邹东廓、聂豹、欧阳德和王时槐五大贤士。

王阳明去世后，江右王门还在江西其他地方大兴书院，联集讲会。兴建的书院有安福的复古、连山、复真、复礼、识仁、任仁，南昌的罗源、莲塘、敦信，新建的丹陵、清溪、鹿溪、罗溪、香城、石井等，共计80余所，涉及20余县。联集的讲会有惜阴会、青原会、崇正会、拟砚台会、春台会、翠云会、西原会等10余个。影响最大的讲会是青原会与惜阴会。讲会之日，各地人士云集吉安青原山或安福等地，时间长一点是一年一会，时间短一点是每月一次讲会，大会参加者有上千人，小会参加者也有上百人。

王门弟子浙江绍兴人王畿当时评论说，王阳明“精神命脉，半在江右”，江右的同志，人数众多，到处聚会“风声鼓舞，比之他省，气象之别，不可诬也”。黄宗羲说：“姚

江之学，惟江右为得其传。”“阳明一生精神，俱在江右。”由于王守仁和江右王门的努力，江西成了全国思想文化的中心地区之一。

阳明书院

杨万里题词“山川第一江西景——青原山”

六、慷慨节义的『易堂九子』与三山讲学

看 听

在今天赣州市宁都县西郊有座金精山，方圆数十里奇峰林立，著名的十二座峰以翠微峰为冠。翠微峰是由许多壁立千仞的巨大石柱组成，由于数千年的风化，四面悬崖绝壁“削起百十余丈”，山势险峻，易守难攻，是一个避世隐居的理想之地。金精山，因道姑张丽英在此修炼而得名。它的清幽静寂，它的巍峨雄奇，它的美丽传说，吸引无数观光者纷至沓来。然而它真正深藏在时间皱褶中的厚重和星月一般的光彩夺目之处，却鲜为人知——它曾是以魏禧为代表的著名的“易堂九子”建造书院、读史讲易、授徒造士之处。

魏禧（1624—1680），字凝叔，一作冰叔，号裕斋，又号叔子，世称“勺庭先生”，江西宁都人。他与兄魏祥、弟魏礼自相师友，以文章气节名震一时，有“宁都三魏”之称。

崇祯十七年（1644），一个天崩地裂、改朝换代的年代，大明王朝终在农民起义军与关外铁骑的夹攻下崩溃了。甲申国变、崇祯自缢的消息传至偏僻的赣州宁都，时年仅21岁、后成为“易堂九子”领袖的魏禧号恸哀伤不止，食不甘味，寝不安席。魏禧11岁即中秀才，素以古名臣自期，他想到了与友人密谋起兵勤王，后因种种缘故，此议作罢。但明清易代，血雨腥风，天下板荡，兵祸匪患将至，使自幼喜读《左传》、通晓兵法谋略的魏禧生发了避乱结寨自保的想法。世间机缘似乎早已在魏禧的人生道路上写下因果。那一年，几个砍樵人借绳索登上翠微峰，其中一人摔死的消息传遍了宁都城，于是，魏禧决计买山而居，“易堂九子”中的

“易堂九子”塑像

其余八子，很快与他心意相合，共同参与了买山。顺治二年（1645）冬，魏禧集资向当地缙绅买山。而后，他们以最快的速度开辟了上山的道路，在山顶建造了可供容身的居所。

大约在顺治三年（1646）底，翠微峰顶上的山居屋大体已修建完毕，石磴木梯也整修一新，“三魏”与彭士望、

翠微峰风光

林时益、邱维屏、李腾蛟、曾灿、彭任陆续迁至峰顶及侧旁的三巘峰，齐聚峰巅诵诗读史、抗论古今、授徒讲学、躬耕劳作，开始他们不意间创造的既平凡又传奇的“易堂九子”遗民历史。九子中，邱维屏深谙易经，擅长占卜。这一天，他们聚集在翠微峰的公堂中，按古法用蓍草占卜，卜得离之乾的卦象，预示着遵从正道必定能得到发展，于是把公堂命名为“易堂”。以此便有了后人对他们“易堂九子”的尊称。

从某种意义上说，九子们在山中的生活可谓是诗意盎然的。他们先是在易堂设馆教学，由于九子声名皆大，一时间，远近之士皆来求学，仅师从魏禧的就达数百人，可谓声誉日隆。由于学生太多，很快翠微主峰就住不下这么多师生了。于是魏禧就搬到山下的水庄设水庄学馆，邱维屏在隔河相望的塘角村设易堂学馆，李腾蛟、彭任则在邻近的三巘峰设馆，由李腾蛟主持。三个学馆并称为“易堂三馆”，呈三足鼎立之势。在这些教学场所，集中了数百位志同道合之士，在当时的江西乃至中国形成了巨大的影响。

讲学之余，九子四处出游，他们与南丰谢文洊为首的“程山六君子”、星子宋之盛为首的“髻山七隐”往来会讲，形成了江西清初学术思想界著名的“三山学派”。三山学派学术各有异同，当时往来唱和，也相互辩难。最著名的是1665年的“程山会讲”，易堂魏禧、彭任和髻山宋之盛拜会程山，与谢文洊等辩驳十余日，盛况堪比南宋的“鹅湖之会”。后来彭士望也多次和程山、髻山学派论争，激烈到几乎就要绝交。由于三山学派的努力，江西成为当时全国的教育中心之一。

自1646年九子上山结社易堂，到1708年九子中最后一子彭任辞世，可以说，九子为信念坚守了60余年。其间，魏祥殁于兵难，魏禧、曾灿客死于道路，其余六子均终老于翠微峰山区。

第四章 书院孕育文史大家

SHUYUAN YUNYU
WENSHI DAJIA

古代江西文史成就令人瞩目。“唐宋八大家”中江西就有三人。这片人杰地灵的沃土孕育了曾巩、王安石、黄庭坚、马端临、汤显祖等饱学之士，他们或才华横溢，名满天下；或风流潇洒，誉满神州。他们从江西走来，不少人有着书院求学和讲学的经历。江西书院无疑是孕育这些文豪巨子的沃土。

一、曾氏书院孕育曾巩文学群体

军山巍峨，盱水长流，地处江西东部、盱江上游的南丰县，在 900 多年前的北宋时期，孕育出了一个江右望族——以“唐宋八大家”之一的曾巩为代表，包括著名的“南丰七曾”。

曾氏家族是一个古老的家族，其远祖在山东境内，后几经迁徙，移至豫章郡（今江西南昌市）。唐乾符二年（875），曾巩的五世祖曾洪立任南丰令，开始家居南丰，为南丰曾氏始祖。发展至北宋熙宁、元丰年间，南丰曾氏盛极一时，且延续数百年誉望不减。两宋时期，南丰曾氏中进士者 53 人，在朝为官者过百人。据统计，在两宋江西的文学家族中，延续八代的家族只有 3 家，南丰曾氏即是其一，共出现作家 31 位。其中，曾巩、曾布、曾肇都是当时文坛政界很有影响的人物。

曾巩读书岩

那么，是什么使得这个家族长盛不衰、名家辈出呢？这恐怕和其家族文化、家风传承有着密不可分的关系。值得一提的是，南丰曾氏尤其重视族中子侄的教育。曾巩的祖父曾致尧，是曾氏南丰开基后的第四代，也是宋代南丰县历史上第一个进士，载入国史的南丰曾氏第一人。曾致尧一生从政，政绩显著，著述亦颇为丰富，他生有七子，考虑到族中子弟的教育问题，于是便在家乡南丰曾氏旧宅开辟学堂，创建曾氏学舍，即后来的南丰书院。

曾巩（1019—1083），字子固，是曾致尧五子曾易占的第二子。曾巩从小就机警聪慧，与一般孩子不同，他还有一个过人之处，就是记性好，读书往往能过目不忘。他五六岁开始在祖父创办的曾氏学舍读书，虽然非常贪玩，但也能读书数百千言，看一遍就能背诵。曾巩启蒙于曾氏学舍，并且在那里度过了一段快乐的童年时光。

庆历七年（1047），父亲去世，曾牟、曾宰尚属年轻，曾布仅 12 岁，而曾肇当年才刚刚出生。长兄曾晔多病，曾巩不得不独当家事。他侍奉继母，抚养弟妹，弟妹们的宦学婚嫁，都必须曾巩一人出力张罗，可以说是劳碌顿挫，艰苦异常。但即使在这样的情况下，曾巩仍一直力督弟弟们勤学不辍，亲自为师教育弟辈。至嘉祐二年（1057）科举，南丰曾氏一门六进士（包括两个妹夫），一时轰动朝野。除兄长曾晔去世外，曾巩五兄弟都考中进士，尤其是曾布和曾肇，因为政绩和文学成就均极为显著，与曾巩一起被称为“南丰三曾”。在他的教育下，弟辈大任于当时，经世济用，祖风尤显。由此，南丰曾氏走向显赫。

成年后的曾巩一直难以忘怀童年时期在曾氏学舍度过的启蒙岁月，他继承曾氏家族热衷兴办教育的传统，于宋仁宗嘉祐元年（1056）在临川创办兴鲁书院。他将书院取名“兴鲁”，可以说是寓意深长。因为大教育家孔子是春秋时期鲁国人，曾子是孔子杰出的弟子，而曾巩又是曾子

曾巩文化园

的后裔，再加上临川、南丰一代文人荟萃，邹鲁之风盛行，把“兴鲁”两字作为书院的名称，含有“上承曾子之家学，以继周公孔子之传者”之意。

兴鲁书院坐落在临川县城香楠峰东南隅，邻近曾巩在临川的住宅曾家园。书院创办后，曾巩亲自讲学，并订立学规，四方士子闻风而至，兴鲁书院培养了一大批饱学之士。由于曾巩的盛名和推动，历代临川官员都对兴鲁书院十分重视，使之成为临川一带影响很大的一所书院，临川历史上才子辈出，文脉绵延 800 多年而不衰，当有曾巩当年兴办兴鲁书院之功。

二、王安石求学鹿冈书院

天圣七年(1029),乡贤杜子野寄居于鹿冈香林寺内(现为江西省宜黄县中港乡境内)读书,并着手兴办鹿冈书院,名曰“拏云馆”,开始了他的教学生涯。在杜子野一生中,最有出息的学生就是王安石。青年王安石课读鹿冈书院期间,留下了许多脍炙人口的故事。

宋仁宗明道二年(1033),王安石的祖父王用之在临川去世,王安石随着父亲回到老家奔丧,为祖父守丧,在这期间,王安石听说宜黄县有一所鹿冈书院,先生杜子野是有名的贤士隐儒,博学多才。一心向学的王安石便挑着书箱行李,从临川来到宜黄,向杜先生求学问道。先生非常喜欢这个聪明伶俐而又勤奋好学的孩子。虽然王安石年纪小,但是杜先生却能和他一起欣赏精妙的文章,探究有疑点的地方,朝夕不倦。

一日，王安石翻阅王仁裕《开元天宝遗事》，得知李白梦见自己所用的笔头上长了一朵美丽的花，后来才思横溢，闻名天下。于是，他拿着书问先生道："先生，这世上真有生花之笔吗？"

杜子野正色道："前人是不会骗我们的，这世上确实有生花之笔。只是有的笔头可以长出花，有的笔头长不出来，凡人的肉眼很难分辨啊。"

王安石见先生如此肯定，便说："那么，先生能否送我一支生花笔呢？"

于是，杜子野拿来一捆毛笔，对王安石说："这里有999支毛笔。其中一支就是生花笔。但是时间久了，都混在一起了，连我也分辨不出来哪支才是了。你自己去找吧。"

王安石虚心求教道："学生眼浅，不知道怎样才能找到，还请先生指教。"

杜子野沉思片刻，道："如今只有一个办法，那就是你一支支地去试。写秃了一支再换下一支。这样坚持下去，定能找到那支生花笔。除此之外，就再没有别的办法了。"

从此，王安石按照杜子野的话，每日苦读诗书，勤练文章，足足写秃了500支。可是看看自己写的文章，感觉还是不满意，不禁有些泄气了。到底什么时候才能找到那支笔呢？于是走去问先生："先生，我怎么还没有找到生花笔？"

杜先生没有说话，只是提起笔写下"锲而不舍"四个大字送给他。

王安石终于明白了杜先生的良苦用心。世上本无所谓

生花的神笔，所有人的才能都是通过辛勤的付出获得的。若想有所成就，就必须付出比常人更多的努力，锲而不舍，这才是妙笔生花的根本啊！明白了这个道理，王安石更加勤奋好学了。

王安石求学鹿冈书院时间虽然不长，但是这段经历给他留下了难以磨灭的深刻印象，他与恩师杜子野一直保持着书信往来，

王安石纪念馆

二人山高水长的师生情谊一直延续。

王安石后来成为北宋著名思想家、政治家、文学家、改革家，政绩显著，官至宰相，主持变法，在中国历史上很有影响，而鹿冈书院和杜子野也成为口碑载道的历史佳话，以至有“子野才堪介甫师，鹿冈书院鹿冈陲”的故事流传至今。

三、芝台、樱桃洞书院培植黄庭坚诗文家族

修水，流经江西西北部，是一条从名称到水域都很秀美的小河。平缓碧绿的河水，流到修水县杭口镇双井村，拐了个大弯，很像半个月亮，称为月亮湾。月亮湾与叠翠的山峦之间，有片绿荫隐显的村庄。因村前河畔有一对泉井，得名双井村。

北宋书法家、江西诗派开山之祖和领袖、“苏门四学士”之一黄庭坚（1045—1105），就出生在这里。据说，这个村在宋代共出了 48 名进士，其中 4 位官至尚书。山野之村，为何出了个黄庭坚？为何一朝能出 48 名进士？原来这和他们重视教育和兴办书院是分不开的。

黄庭坚的曾祖父黄中理，为人深沉有谋，虽隐田间不求闻达，考虑到家族子侄的读书求学问题，在布里老宅开设樱桃洞、芝台两书院，当时各地士子常达数十百人。黄

氏子侄13人就读于芝台书院，其中10人进士登第，充当国之栋梁，人称“黄氏十龙”，尤以黄谓（字茂先）最为突出，游学欧阳修门下，以文学名世，与江北段少连齐名，时有“江南黄茂先，江北段少连”之誉。一时间，芝台书院名声大噪，游学者常近百人，与欧阳修同时代的文学家宋庠、宋祁兄弟，未第时曾来游学，黄庭坚幼年时也就读于芝台书院。

黄庭坚在芝台书院读书时，有一次舅父李常取书架上的书要考考他，黄庭坚几乎无不通晓，李常十分惊奇，称赞他的求学功夫真是“一日千里”。还有一次，在书院的课堂上，黄庭坚听到老师讲解“五经”之后，突然发问：“老师，不是说有‘六经’的吗？”老师摸着胡子，回答道：“通常说《春秋》不算经。另有《乐》书已佚，故只有‘五经’之说。”

黄庭坚好求甚解，在课后找来《春秋》阅读，一个月后，对有些主要篇章，竟能背诵如流，书院众人无不感到惊奇。加上他从小练习书法，一手楷书也写得有模有样，老师甚至说：“神童也，这孩子将来即使不功名显达，也能以书法笔墨扬名天下。”

果然，黄庭坚成为一代文坛领袖。于诗，他与苏东坡并称“苏黄”；于词，他与秦观齐名，人称“秦七黄九”；于书法，他与苏轼、米芾、蔡襄号称北宋“四大家”，在中国文化史上留下浓墨重彩的一笔。

在书院教育的孕育下，黄庭坚所在的双井黄氏家族，更是人才兴旺：黄庭坚的祖父黄湜，是进士，长于书法；

黄庭坚塑像

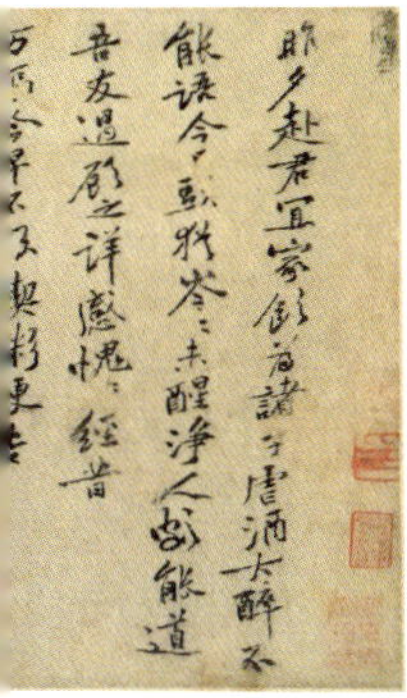

黄庭坚书法作品

父黄庶与兄黄大临、子黄相亦为进士，工诗；黄庭坚的舅舅李常、李布被人称为北宋“二李”，名重一时。

黄茂宗，两书院创始人，黄中理的长子，黄庭坚的祖伯。黄茂宗因才高笃行，为两书院的师长，黄氏子弟大都出于他的培育。黄注，黄中雅之子，黄中理之侄，幼时从茂宗学，下笔成文章，与欧阳修是“道义之交”，虽然很早就过世了，但留下不少著作。黄庶，黄庭坚之父，书院读书时就倾慕古来忠杰之士，进士及第后虽仕途并不得意，却颇具官声，诗文创作方面对黄庭坚“江西诗派”的开创影响颇深，其子黄大临、黄庭坚、黄叔达都有文学名声。

黄庭坚孙辈中著名者当属黄莘。黄莘，字子迈，是黄庭坚之子黄霖的儿子，外祖父夏倪，亦是“江西诗派”一员。黄莘幼时亦肄业于芝台书院，后任淮南转运使等高职。他为官多年，始终以“廉”作为家训，人称其“家贫犹典衣”。他的诗、字，虽承续黄庭坚，但时现新意，自成一家。

双井黄氏以创建书院而负盛名，不仅教导族中子侄，而且惠泽姻亲。黄氏姻亲李氏、洪氏、徐氏皆与书院有密切关系。建昌李氏有李氏山房，藏书万卷。建昌洪氏有雷塘书院，熙宁、元丰后的山长为黄氏女婿洪师民。分宁徐禧为黄庭坚表兄，亦办有徐氏书院。

双井黄氏两书院不仅造就了人才辈出的黄氏子孙，而且泽及门徒、姻亲，成为宋代江南文化中心之一，可以说，黄庭坚成为文坛领袖人物，和其家族书院教育传统是分不开的。

四、马端临在慈湖书院编纂《文献通考》

《文献通考》是从上古到宋宁宗时期一部最重要的典章制度史，是继《通典》《通志》后记述历代典章制度的规模最大的著作，是元代马端临编撰的历史文献学巨著。他与乐平慈湖书院有着不解之缘。

乐平慈湖书院原建立在乐平县城东南古长乐坊观音阁左近，南有洎水长流，柳丝垂映，北倚咚崖峭壁，古木参天，远离城市喧嚣，真是读书陶冶的胜地。慈湖书院，是为了感念南宋慈湖先生杨简在乐平任内兴学训士、教化百姓而设。元至正年间，慈湖书院迎来其历史上著名的山长——史学家马端临。

马端临（1254—1340）是南宋末期右丞相马廷鸾的次子，字贵与，号竹村，江西乐平人。马端临生于宰相之家，19 岁就以父荫被授予了承事郎的职衔，具备了出仕当官的

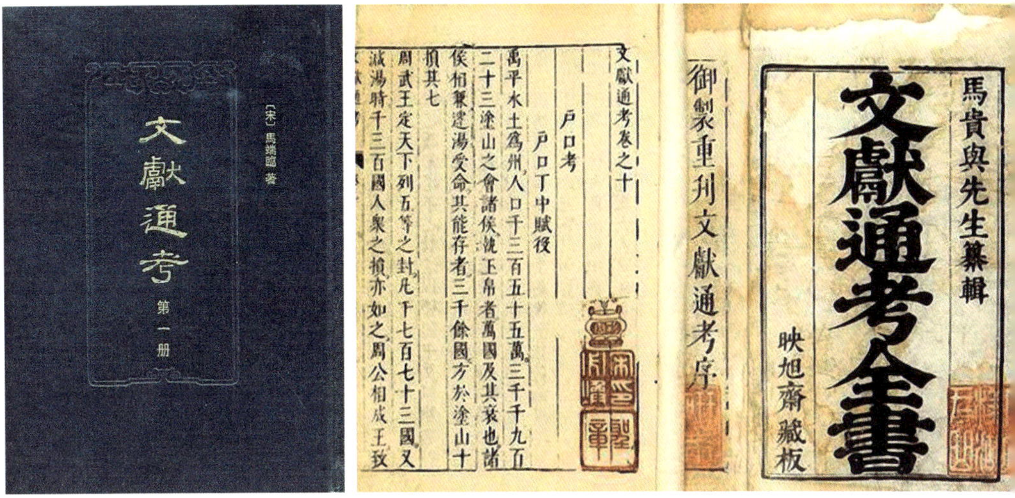

《文献通考》

条件，但是他没有步入仕途。入元以后，马端临有多次赴京任职的机会，但他都以“侍亲疾”为由拒绝了，追随父亲归隐故乡，并准备编著《文献通考》。

元至元十九年（1282），乐平创办书院，县尹为纪念南宋兴学知县杨简，以杨简之号“慈湖”命名书院，朝廷赐匾额，故称“慈湖书院”。县令翟衡亲至马家，邀请马端临到慈湖书院执教。当时马廷鸾尚在，只因年事已高，身体不佳，马端临便以“侍亲疾”为由，婉言辞谢了翟衡的礼请。至元二十七年（1290）乐平慈湖书院得到朝廷的批准，正式设立山长。县尹又亲自登门，邀请马端临出任书院山长。出于对地方教育事业的热心，马端临应允了邀请。在慈湖书院山长任上，他执教严谨，颇有建树。元代中后期的地方名流程时登、王松坞、赵述翁等都是这一时期慈湖书院的学生。

在慈湖书院，马端临继续编撰《文献通考》，这是马端临对社会文化的最大贡献。在这部书中，马端临详细记述了自古迄宋 25 个朝代各种典章制度的兴废沿革和利弊得失，是一部古往今来极有参考价值的历史名著。它与唐朝杜佑编著的《通典》和南宋郑樵编著的《通志》两部历史名著合称“三通”。“三通”是旧时应科举考试者必读之书，至今仍是研究古代历史学者案头必备之籍。

马端临在慈湖书院的讲稿后来也汇集成拥有 153 卷篇幅的《大学集传》《多识录》二书刊刻印行，他的《义根守墨》一书也是此时期的作品。可惜，这些作品都在元末战乱中为兵燹所毁，未能流传后世。

元贞元年（1295）前后，马廷鸾的同年好友、衢州名士徐经畈先生来乐平游，在他的邀请下，马端临于是年出任衢州柯山书院山长。马氏在衢州柯山书院执教，成效卓著，门下颇多成名者。大德元年（1297），其独生子马志仁出生，他立即辞职返乡，以享天伦之乐。回乡后仍执掌学塾，教育族中子弟。为家乡培养人才，一直到 87 岁（1340）病逝于家中。逝后葬于乐平虎山乐安河滨金鸡塘。

马端临一生淡泊功名利禄，潜心治史学，以《文献通考》这部鸿篇巨著流芳后世。他热爱教育，热心为家乡无私奉献、作育英才，以慈湖书院为讲坛道场，传播学术，启迪士心，值得后人景仰。

五、汤显祖几番问道明德书院

戏剧泰斗汤显祖是中国文化史上的骄傲，可是很少有人知道，其思想形成的一个重要原因是得益于他在书院的学习。明朝嘉靖四十一年（1562），江西南城籍名儒罗汝芳由山东刑部主事转任宁国知府，从北京回乡省亲，其间路过临川，居停唐公庙讲学。临川本地儒士汤尚贤得知这一消息，急忙叫上自己年仅 13 岁的儿子，前往罗汝芳讲学处执弟子礼，拜师求教，这位少年学子便是后来以“临川四梦”闻名于世的著名戏曲家汤显祖。罗汝芳（1515—1588），字惟德，号近溪，学者称为“近溪先生”，江西南城人，是明中后期著名哲学家、教育家、文学家，泰州学派的代表人物。

汤显祖（1550—1616），江西临川人，字义仍，号海若、若士、清远道人。汤显祖天资聪慧，出身书香门第，从小受家庭熏陶，勤奋好学。5 岁时进家塾读书，12 岁能诗。嘉靖四十一年（1562），汤显祖 13 岁，父亲汤尚贤又带他到临川一位罢官而归、原为吏科给事中的徐良傅的私馆中学习古文法和经文。徐良傅是东乡人，由于明世宗嘉靖皇帝昏庸纵欲，徐良傅进行了规谏，结果被罢官而归，回到临川定居，开馆授徒，汤显祖即成为徐良傅的高足门徒。也是在这一年，罗汝芳来到临川讲学，汤显祖拜罗汝芳为师。罗汝芳的讲学不局限于哲学范畴，他多才多艺，能吟诗弹琴。少年汤显祖常与罗汝芳严肃认真地讨论学术问题，有时也诗歌唱和，甚至弹琴取乐，这段时光给汤显祖留下了深刻的印象。

自汤显祖就学于罗汝芳之门，汤显祖一家与罗汝芳一直保持较好关系，罗汝芳在汤父生日时还写有《寿汤承塘序》相赠，此序是在汤承塘 50 岁的时候所作。这一年罗汝芳 64 岁，已致仕回家，正在从姑山上讲学，因而在汤父生日写序祝贺。

嘉靖四十四年（1565），两名少年背着行囊登临南城从姑山，前方数间书房里，传来了琅琅读书声，让他们原本沉重的脚步突然轻快起来了，他们加快了前行速度。这两名少年，一个正是时年 17 岁的汤显祖，一个是他的同乡好友姜鸿绪，这是汤显祖第二次拜罗汝芳为师。汤显祖在此之前师从徐良傅学习古文。徐良傅在临川拟岘台筑室而居，讲学为生，直至终老。汤显祖在老师徐良傅去世的第二年，即赴南城从姑山学习。此时罗汝芳在家中守孝（丁忧）三年。他的父亲罗锦在上一年去世，他从宁国知府任上回家。这期间，罗汝芳主要在南城明德书院（从姑山房）收徒授业与接受来访者，探讨学问。也正是在这个时候，汤显祖来到南城从姑山安心求学于罗汝芳。在明德书院中，罗汝芳以歌诗、鼓琴、静默及交谈等方式进行启发性教育和引导，讲学气氛活跃，汤显祖也在轻松愉悦的氛围中收获了许多知识。

在明德书院的几年间，汤显祖与罗汝芳建立起了山高水长的师生情谊。春去秋来，汤显祖学业已成，要告别恩师了。罗汝芳为他作了两首诗送别，一首名叫《玉泠泉上别汤义仍》："之子来玉泠，日饮泠中玉。回首别春风，歌赠玉泠曲。"寄语汤显祖其言其行要如玉一般高洁，另一首是《汤义仍读书从姑赋赠》："君寄洞天里，飘飘意欲仙。吟成三百首，吸尽玉泠泉。"诗中可见罗汝芳对汤显祖在明德书院（从姑山房）求学经历的印象深刻。罗汝芳一生诗作不多，送给学生的诗作更少，这两首诗虽平平常常，但足以看出罗汝芳对汤显祖这位弟子的器重与厚爱。汤显祖也没有忘记这位老师，时常怀念他，写诗作文纪念他。

万历十九年（1591），汤显祖因上《论辅臣科臣疏》被贬官至徐闻，上任途中经过南城。这是他再熟悉不过的

玉茗堂
情
湯顯祖
(1550—1616)

汤显祖塑像

地方，这儿有他的先师，有他一起游学的同学。这天他相约旧日学友，一起再次登上从姑山。此时的汤显祖感慨万千，恩师离世已经三年，当日学友也各奔东西，自己也将奔赴贬谪之地。

万历二十七年（1599），辞官回乡数年的汤显祖上南城从姑山再次拜谒先师罗汝芳。一路上，汤显祖与友人回忆当年求学的情景，恩师逝世至今已有10年，自己一腔疑惑，再也找不到人来解答，此情此景之下，汤显祖挥笔写下了《过盱吊明德父子二首》，以慰哀思。

作为汤显祖的老师，罗汝芳对汤显祖性情及文学创作具有重大的影响。罗汝芳关心民间疾苦，同情下层人民的悲惨命运。他为地方官时，曾将政府的库藏馈赠给前来诉讼的下层百姓。罗汝芳的“生生之仁”“赤子之心”等仁爱思想，直接影响到汤显祖为官时的蔑视权贵，以仁待民。汤显祖从而深得百姓的爱戴。在戏剧创作中，汤显祖能够大胆突破前人思维的窠臼，不受传统纲常束缚，大胆描写人生之情，创作出不朽的剧作。究其思想渊源，我们在明德书院（从姑山房）罗汝芳那里可以看到明显的痕迹。汤显祖剧作充满人道主义的色彩，恰恰是其为中国人民所喜爱，广泛传播到英、日、德、俄等很多国家，被视为世界戏剧艺术珍品的重要原因。

六、黄爵滋执掌经训书院

黄爵滋是中国近代著名的禁烟先驱，他与南昌的书院有着深厚的因缘。清道光二十五年（1845），江西省城南昌经训书院迎来了首任山长黄爵滋。黄爵滋（1793—1853），字德成，号树斋，江西宜黄人，著名政治家、思想家。黄爵滋是道光三年（1823）进士，由翰林院编修历任监察御史、鸿胪寺卿，道光十九年（1839）后历任大理寺少卿、礼部右侍郎、刑部右侍郎等职。他和林则徐、龚自珍、魏源、姚莹等人志趣相投，提倡经世之学，主张刷新吏治，扫除贪污，整顿军务，巩固边防，是当时改良派中的一个有影响的人物。

晚清禁烟运动是中国历史上的一件大事，林则徐因此被誉为“民族英雄”彪炳千秋。而在林则徐禁烟的背后，还有一位功臣，这个人就是黄爵滋，他是这场禁烟运动的

南昌市第八中学校门

最重要的发起人。黄爵滋是说服道光皇帝下决心全面禁烟的重要人物。道光十八年（1838），他所上的《请严塞漏卮以培国本疏》，其中首次提出要在我国提倡禁止鸦片烟。在奏疏中，他列举大量史料说，自鸦片流入中国，道光三年以前，每年有数百万两白银外流。道光三年之后越来越多，单广东省，自道光三年至十一年，每年外流的白银达 1800 万两；道光十一年至十四年，每年外流的白银有 2000 余万两；道光十四年至今，已经达到 3000 多万两之多。而福建、浙江、山东、天津各沿海口岸，合起来每年也有几千万两。以中国有用之财，去填海外无穷之壑，年复一年，到底什么时候是个头呢？长此下去，是国家的一大隐患。黄爵滋认为，为了严禁鸦片，应当不惜动用死刑，以达到振聋发聩的目的。道光帝将这篇奏疏交内外大臣讨论，一时之间，弛禁与严禁两派争执不下。黄爵滋趁热打铁，连疏二次，请求派出主禁大臣负责禁烟之事，严惩私通番夷首恶者。这位宜黄骄子以破釜沉舟之决心，慨当以慷，给昏聩的清王朝带来久违的风雷。已是湖广总督的林则徐极力支持黄爵滋，也连续上言禁烟。于是，《钦定严禁鸦片烟条例》颁布，也便有了名垂青史的“虎门销烟”。有历史学家认为：“禁烟之议，创自黄爵滋。”

富有戏剧性的是，数年后，黄爵滋由于受户部银库亏空之事所牵累，被革职后来到南昌从事书院教育活动，从此了却仕途念想，深居简出，一心一意做学问。可谓“闲看赣江烟波，坐待桃李花落。一袭布衣是先生，世间再无黄侍郎”。

经训书院发端于道光二十年（1840），时为江西按察使的刘体重认为南昌城内书院皆注重科举训练，于是在南昌进贤门内系马桩新建书院，名为“经训”，意思是不尚制艺，以经解课士，后刘体重调职，此议搁置。道光二十三年（1843），继任江西按察使温予巽重提经训书院之议。很快，经训书院落成，聘请当时在南昌豫章书院担任山长的黄爵滋兼任经训首任山长。

作为思想先驱的黄爵滋既看到了当时南昌书院为科举

束缚，也看到了南昌学风的滞固，希望用经学经解来激活南昌的学风。他担任山长后，仍保留当年为官时精锐风发的性格。黄爵滋曾撰写《经训书院记》，认为江西一贯崇尚经术，名儒大师代有传人。天下四大书院，江右实居其二。如果能注意培植根本，就有更多的忠信才德、魁奇绝特的人才涌现出来。然而，现在的情况是，朝廷以八股取士，而教师教学也就仅仅是为了科举，所以，读书人逐末而忘本也就不奇怪了。经训书院在他的主持下，逐渐学风浓厚，侧重实学。任职期间，黄爵滋为诸生讲解经义、诗赋和策论，由于书院新成立，资金不足，黄爵滋就义务主讲，薪金分文不取。

作为第一任山长，对经训学风的形塑影响深远，使之成为清末江西的著名书院，同时也为南昌造就了一批经学名士。经训书院，是清代江西古书院，与豫章书院、东湖书院、友教书院并称为“南昌四大书院”。

书院改制后，经训书院改为实业学堂，现为南昌八中。

第五章 书院兴旺促进科举发达

SHUYUAN XINGWANG CUJIN
KEJU FADA

古代选拔人才的主要制度就是科举制，科举制是封建时代所能采取的最为公平的人才选拔形式，它让大量的寒门子弟有了实现抱负的机会和向上攀登的阶梯。科举制无疑对推动我国古代文化发展有着不可磨灭的大功劳。江西作为中华文化大省，历史上涌现了一大批学识渊博、才华横溢、海纳百川、兼容并蓄的文化名人。他们在不同的文化层面上、不同的历史进程中，彰显出智慧的光芒，为华夏文明的进程做出了巨大贡献，而他们也是科举制的受益者。

历史上江西籍进士达全国十分之一，江西可谓科举大省，古代很多江西有为之士是通过考取功名而进入官僚阶层，尤其在宋、明两朝更是达到了顶峰。一地科名的多寡，往往从某种程度上反映了当地的文化教育水平。科举与书院互为表里，书院在地方教育格局中占有重要位置，可以说，古代江西科举兴旺发达、人才辈出得益于书院的培养沃土。

一、书院与科举共同昌盛

看
听

600 多年前的江西，出了两件科举史上的奇事：一是在明朝建文二年（1400）庚辰科中，南榜共取进士 110 人，不仅三甲中状元胡广、榜眼王艮、探花李贯都是江西吉安府人，而且连二甲第一名吴溥、第二名朱塔也是江西人；二是在紧接着的永乐二年（1404）甲申科共取进士 472 人，状元曾棨、榜眼周述、探花周孟简，二甲第一名杨相、第二名宋子环、第三名王训、第四名王直都是吉安府人，囊括了前 7 名。这两桩科举盛事，而且是连续两科，可算是科举中的奇迹。

这只是冰山一角。“区区彼江西，其产多材贤”。用流光溢彩来形容江西科举考试毫不为过。江西在唐、宋、元、明、清五朝，先后考取进士 10495 名，占全国的 11%，历代皇帝钦点文状元 47 名（唐代 3 名，南唐 4 名，宋代 11 名，元代3名，明代20名，清代6名），武状元7名（唐代1名，宋代2名，明代1名，清代3名）。自唐以来，江西人任宰辅高官者90余人。宋代有晏殊、王安石，到了明代，更有“朝士半江西”的说法，从解缙、胡广、杨士奇到费宏、夏言、赵汝愚、严嵩，出任宰辅者达18人。江西可谓文风炽盛，是名副其实的人杰地灵之地。

江西科举史上还出现了很有意思的群聚现象。首先是考取的举人、进士较多。明代吉安府共出了10位宰相、22位尚书、19名状元、11名榜眼、10名探花、8名会元、39名解元，自明初至嘉靖年间，中举者280余人，中进士者900余人。明人吴云称吉安地方“家有诗书，人多儒雅，序塾相望，弦诵相闻……士夫秀特，文章盛于江右”。再有就是家族性群聚，如临川王安石兄弟五进士，南丰曾巩兄弟四进士，饶州洪迈一门四进士，乐安流坑董氏家族一门同科五进士，婺源潘钰及子孙一门十进士，吉安“一门六进士，隔河两宰相，五里三状元，九子十知州，十里九布政，百步两尚书”。

书院是古代教育的重要支柱。古代江西的书院数量十分可观，除了著名的白鹿洞、白鹭洲、鹅湖等书院外，还存有大量地方举建和家族兴办的书院，它们成为孕育科举人才的沃土。千百年来，中国流传着江西动人的科举佳话，以下试举几例：

流坑，位于江西省抚州市乐安县，始建于五代南唐升元年间（937—943）。流坑古村远观青山拱抱，近傍清澈的恩江上游之水乌江，河水沿村东再转而西流，与村内龙湖之水相通。古村周边江岸古木参天，秀竹摇翠，形成山环水绕之佳境。今天的流坑村落主体基本保存了明嘉靖、万历年间规整的格局。

流坑村是一个董氏单姓聚族而居的血缘村落。流坑董氏的家世渊源，据说可以上溯到西汉著名的儒家学者董仲舒，宗谱可考的开基祖为南唐时的董合。宋代，流坑以董氏科第而兴旺，成为江右大家族聚居之地。明清时，村中有识之士接续祖业，兴教办学，修谱建祠，并发展竹木贸易，使流坑村又一次繁荣兴盛。流坑董氏家族自五代南唐肇兴以来，先后创办各类书院、书屋、精舍 40 余所，遍及村庄每个角落，并培养出文武状元各 1 名、进士 34 名、举人 200 多名。历代进入仕途的，上自参知政事、御史，下至主簿、教谕等 100 余人。

流坑董氏家族书院肇始于北宋大中祥符年间。开基祖董合之孙董文广于北宋大中祥符二年（1009）参加明法科考试，成为流坑村历史上登上科举榜的第一人。然而，董文广并没有直接入仕，而是返回家乡，举全家之财力兴办家族教育。董文广的努力很快结出了果实。大中祥符七年（1014），文广长弟文肇四子滋、湘、渊、淳全都中举。次年，董淳进士及第，成为流坑董氏登进士第一人。

流坑古村街景

科举的成功，极大地激发了流坑董氏家族兴办教育的热情。于是，桂林书院、中冈书院相继在村中建成。桂林书院，又名桂林书斋，是流坑历史上第一所以“书院”命名的书院。随着流坑书院教育的兴盛，董氏家族的科举事业也结出了累累硕果。明道二年（1033），董文晃长子董淇及淇子师德，次子董洙之子师道，与董淳之子侍、董渊之子仪、董湘之子僎、文亨之子汀，叔侄兄弟七人同获乡荐。次年，洙、汀、仪、师德、师道五子联科，同中进士。此后，董门解试四举、五举时有发生。仁宗庆历元年（1041）和八年（1048），流坑董氏家族还出现过六子联科、七子联科的盛事。

南宋以来，流坑创办书院的热情更为高涨，除桂林书院和中冈书院外，子男书院、镜山书屋又相继建成。南宋时期流坑董氏进士及第者 7 人，解试中举者 24 人，是乐安县科举名村。经历元代战乱后，明代流坑董氏家族教育机构如雨后春笋般地创建起来。这时流坑村中有书院、书屋、精舍等各类学校 30 余所。从明洪武至万历 200 余年，获举人以上功名者为 84 人，其中进士 8 人。清代流坑董氏家族新建了圆通书院、焕文书院、蓉山书院、培风书院等近 10 所。

流坑文馆全景

乐安流坑董氏历史上名贤辈出，代有人才，其中最著名的当属南宋恩榜状元董德元。董德元（1096—1163），字体仁，流坑董氏第八代，天资聪颖，饱读诗书，16岁考取秀才，24岁乡试夺魁，一举成名。此后一段时间，屡考进士不第，曾自嘲“满腹文章，满头霜雪，满面尘埃”。53岁时，董德元得中恩榜状元，之后在朝为官，退休后在吉州自建一座休荣亭，手书对联“闲谈休论荣枯，静坐常思得失”。董德元虽然官位不高，但对于流坑董氏家族来说，却是一位影响十分巨大的人物，在流坑千年历史上，董德元科名最高，仕宦最尊，给家族带来极高的政治声望。在他登科的那年，永丰县令为他建状元楼于县左，德元的同年朱熹亲书“状元楼”三字匾额。南宋绍兴年间，流坑董氏为了显示家族荣耀，激励后代子孙，便仿照永丰县状元楼，在村西重建一座状元楼。

古代丰城书院较多，前后创设了50多所。这些书院对丰城本地的科举、教育事业发展都曾起过积极作用。如今在丰城还有一所保存较为完善，并仍然以研究与推广传统文化为己任的书院，这所书院就是位于丰城老城区桂山坊的桂山书院，与桂山书院一起流传下来的，还有一个动人的科举故事。

杨廉（1452—1525），字方震，号月湖，一号畏轩，明代丰城人，成化二十三年（1487）进士，历任太仆卿，顺天尹，南京礼部右侍郎、礼部尚书等职。杨廉的父亲杨崇是著名学者吴与弼高足胡九韶的弟子，少年杨廉得到父亲的悉心教导。成化十三年（1477），丰城才子杨廉中江西乡试第一名解元，四邻父老前来道贺，由于杨廉不收礼物，人们便商议采摘一些桂花相赠。不几日，道贺的人络绎不绝，家中的桂花便也堆积如山，一时间成为佳话。后来，官府为了褒扬杨廉的廉德高风，在其家巷口竖立了一座石牌坊，即“桂山坊”，以示纪念。后来杨廉考中进士，入朝为官，颇受士民爱戴。杨廉致仕后，酷爱讲学，先后主持过大江南北的书院，培养了不少人才。后来回到家乡，仍住在旧居桂山坊一带，教育乡里，培育人才。其学生范谦也考中进士，同样做了礼部尚书，使得桂山坊更是名声大噪，四方士子蜂拥而至前来求学问道，桂山书院因此而得名。

现存的桂山书院是清代中期建造的，虽处闹市，却清净雅致。今天的桂山书院以继承和发扬传统文化为己任，仍有不少学者前来讲学授课，传统书院精神一直延续到现在。

二、书院是预备科考的课堂

“朝为田舍郎，暮登天子堂”，一个农家子，也许早上还在田间地头劳作插秧，晚上就有可能在皇帝那里做客饮宴，这种一步登天的事情能让人相信吗？答案是有可能的，在中国传统社会，科举制度可以给一个普通的农家子弟提供这样一个直上青云的机会，前提是他有足够的智慧、毅力和运气。

科举制度从隋朝大业元年（605）创立到清光绪三十一年（1905）废止，共持续 1300 年。科举制度最大的魅力在于它的相对公正、公平、开放，除少数情况外，大部分读书人都有参加考试的资格，给广大平民提供了晋升之阶，使得自古以来的读书人，无不以科考成功作为人生奋斗的终极目标。

那么一位普通读书人，要从科举考试脱颖而出、一登龙门天下知有多难呢？以明清时期为例，科举考试分为三级，乡试、会试和殿试，除此之外，还有没被纳入狭义科举体系，却也是成为状元必过之门槛的童生试。如果一位明清时期的读书人想考中状元，先后要参加这些考试：

首先是童试。童试，即童生试，包括县试、府试、院试。通过童试者，可以取得生员资格，方有机会迈上科场之路。童试虽然是士子登科的第一级阶梯，可别以为简单，有些人考到七八十岁也没有成为生员。县试由知县主持，通过后，就要到本府参加由知府主持的府试，明清时期府试录取率比县试、乡试都低，所以府试是童试阶段难度最大的一关，在连考三场通过后，就等着参加由中央下派的提学官主持的院试，一般是三年一次，等提学官来了本府，就可以开考了。等院试通过后，考生获得了他的新身份——生员（俗称秀才）。至此，他的童试全部程序已经结束，而他也刚刚迈开科考的第一步。接下来的任务就是要参加三年一次的乡试了。

乡试是全省统考，定在子、午、卯、酉年的八月，这时考生就要收拾行装前往省府所在地应考，乡试考三场。如果顺利通过，可以获得举人的身份。

接下来是参加由礼部主持的“国考”——会试，会试发挥不错的话，可以获得参加殿试的资格。殿试通过，获得进士身份。进士分三甲，一甲称“赐进士及第”，只有状元、榜眼、探花三名；二甲若干称“赐进士出身”，第一名俗称“传胪”；三甲榜称“同进士出身”。金榜公布，科举考试全部程式才算结束。

由此可见，要考取一个状元实属不易，若是能顺利地将这层层考试过程走下来也基本上都30岁以上了，更别提在某一级考试中出些什么岔子、犯了某个忌讳的情况，所以很多考生从青葱少年考到垂垂老矣也只能考得一个秀才的身份。而有的考生即使历经艰辛，走到殿试这最后一步，也会因为一些滑稽的理由，和状元名位失之交臂。如建文二年（1400）殿试，本来已经取江西吉水人王艮为一甲第一名，可是建文帝觉得王艮相貌丑陋，不堪名重天下，最终只能屈居第二位榜眼。

自古以来，有无数学子为了追逐心中的金榜题名的理想，持之不渝，艰苦奋斗。由于官学名额有限，通常各县只有1所，学额40—60人不等，所以，书院就是满足广大读书人参加科举考试需要的最好场所。书院帮助广大读书人在科举考场上制胜千里。在现存的书院学规中，可以看到书院的科举训练。如清乾隆年间王昶制定的《友教书院规条》说，要按照科举的要求，轮年遍习五经。他要求在院生童等，每日必读熟经文300字。《诗经》40848字，应136天读完；《书经》27134字，90天读完；《易经》24437字，80天读完；《礼记》98994字，330天读完；

《春秋》15984 字，54 天读完。这样，共需 690 天，不到两年即能遍诵。

坐落在今天修水的梯云书院，是一所乡绅捐资兴办的小书院，光绪年间的《梯云书院学规》中也以科场衡文的标准，对生徒日常课艺做了详细规定。

另一方面，不少江西书院都按时举行考课，要求生徒撰写课卷，以这种科举“模拟考试”的形式训练生徒的应举能力。江西明清时期考课制度成熟，按主考者、考试内容、考试时间不同，存在多种称谓。按照主考者身份不同，有官课、师课之分。官课之中，依主考官员职级不同，又有县课、州课、府课、学院课等之别。书院级别越高，主考考课的官员越多。一般而言，省级书院由总督、巡抚、学政、三使（布政使、按察使、转运使）等封疆大吏轮流主持。师课有院课、馆课、斋课之称，多由书院山长主持。原则上，考课主持人要负责本课的命题、阅卷工作，但官员公事缠身，除少数热心文教的学者型官员外，大部分官员将命题、阅卷工作委托山长完成。按照考课内容不同，有制艺试帖课、经古课、诗课、策论课、算学课等之别。按照考课时间不同，有日课、月课、季课、春课、秋课等之别。通过留存至今的江西书院生徒考课课卷，我们仍然可以依稀见到当时书院考课训练的紧张气氛。

二、状元在书院求学讲学

在中国古代，金榜题名是读书人追求的目标和理想。很多人几年、十几年乃至数十年的寒窗苦读，为的就是求取功名，从而实现“一举成名天下知”的人生目标，那么，高中状元自然是这些读书人的最高目标。

状元，在唐代称“状头”，又称“榜首”。宋太平兴国八年（983）以后，科举考试殿试合格者分五甲，状元是一甲第一名。到了明清两代，殿试后分三甲，一甲头名为状元，居“鼎甲”之首，又称为“鼎元”“廷魁”“龙首”。古代江西产生状元、榜眼、探花、省元、会元共 153 人。

从 47 名文状元分布的地区来看，南昌 5 人、九江 3 人、新余 1 人、吉安 19 人、赣州 2 人、抚州 4 人、宜春 5 人、上饶 8 人，其中吉水县在明代出了 5 个状元。这便是民间俗语“隔河两宰相，十里五状元”的由来。永丰县出了 4

个状元，泰和县出了 3 个状元，整个吉安市出的状元占全省 47 名文状元的 43%，这种比例分布也和江西历史上书院分布的趋势接近。虽说江西出了 47 个文状元、7 个武状元，其实还有些人考到了第一，却没有获得状元的称号。除此之外，宋代新余刘敞、余干赵汝愚，本是殿试一甲第一名，因为某些原因，由第一被置于第二。临川王安石本应为第一，因为一字之误，被列为第四。明代吉水王艮和丰城孙曰恭，清代萍乡文廷式殿试时都是名列第一，因为某些原因，王艮、文廷式被降为榜眼，孙曰恭被降为探花。历史上也流传着许多江西状元与江西书院之间的动人故事。

白鹿洞书院的前身庐山国学培养了状元伍乔。伍乔（生卒年不详），庐江郡浔阳（今九江市）人，南唐保大年间（943—957）进士科状元。937 年，南唐政权正式登上历史舞台。南唐第一个皇帝李昪（即徐知诰）即位后，继续大施仁政。保大三年（945 年），中主李璟登基的第三个年头，18 岁的伍乔，从庐江前往庐山国学求学。他出庐州，经舒州（今安徽安庆地区），过长江，来到江州（今九江市）地界，并从这儿第一次登上中国文化名山庐山。当时的庐山，来自四面八方的生徒络绎不绝，伍乔是庐山国学的第五届学生。当时的庐山可谓名师荟萃，教授中就有朱弼、陈贶、刘元亨、毛炳、史虚白等一大批博士鸿儒，说明了庐山国学作为南唐王朝另一个文化和教育中心的重要价值。

在这里，带给伍乔最大影响的当是史虚白。史虚白（894—961），字畏名，山东人，可谓才高八斗，堪称一代大儒，然而此人性格倔强，狂傲不羁，投奔南唐后，受到当时以宋齐丘为代表的南唐本土实力派的排挤和打压，始终得不到李昪的重用。于是，负气之下他谢却官场，来到庐山国学从教。保大五年（947），在庐山国学，53岁的史虚白与20岁的伍乔邂逅了，从此，这两个性格相近、志趣相投的南唐鸿儒，一见如故，相互欣赏，并成为终生好友。在伍乔现存的21首诗中，有两首是送给史虚白的，这充分佐证了他们之间超乎寻常的友谊。特别是在《寄落星史虚白处士》这首诗中，伍乔尽情回忆往日与史虚白在庐山一起度过的美好时光，最后还发出“别后相思时一望，暮山空碧水空流”的无限惆怅和感叹。

庐山国学位于五老峰南麓，这里四山回合，层峦叠嶂，危岩耸立，高天流云，气象万千。我们可以想象，当年伍乔和他的同学们，闲暇之日，二三好友同行，出得书院，爬上山顶，远瞰鄱阳湖烟波西去，近观国学院内紫气东来，指点江山，激扬文字，那是何等快慰和感慨。这个阶段，也是伍乔人生中最幸福、最值得回味的时光。他走遍庐山周边的山山水水，遍访高僧、道者和隐士，并留下了许多精彩诗篇。从目前伍乔仅存的几首游记诗来看，不论是写景、述事，还是抒情、言志，我们都能感受到状元伍乔那大气

鹅湖书院内景

磅礴的见识、才学和豪情。生活是清贫的，学习是艰辛的，但伍乔的激情始终是昂扬的。保大十二年（954）冬天，伍乔踏上了去金陵南京的赶考之路。朝廷在停考两年之后重新开考。保大十三年春三月，在金陵城里，伍乔状元及第，这也是白鹿洞书院产出的第一位状元。

南宋状元徐元杰求学鹅湖书院也有一段历史佳话。徐元杰（1196—1246），字伯仁，一字子祥，号梅野，信州上饶（今上饶市广信区）煌固黄塘村人。南宋绍定五年（1232）

端明书院旧址

壬辰科状元。徐元杰自幼聪明好学，日读书千言，常常冥思苦想，探索不倦。徐元杰 8 岁求学于信州，13 岁时听说朱熹的弟子陈文蔚在铅山讲学，便前往拜其为师，开始就读于鹅湖书院。14 岁时就写下了“荡荡乾坤纳百川，川流湍处有深渊，其中养得鱼龙在，鳞甲完时直上天”的诗句。后又师从大儒真德秀学习理学，成为南宋理学的代表人物之一。

绍定五年（1232），徐元杰考中进士第一名，被宋理宗钦点为新科状元，任镇东军节判官厅公事，其后又历任南剑州知州、权中书舍人、工部侍郎、国子祭酒等职。无论在朝为官还是外放地方，徐元杰都竭力为国分忧，为民解难，尽职尽责，忠贞无私。作为朱熹的弟子，他为官任上又坚持讲学，以理学教化百姓。

南宋状元汪应辰创办端明书院，自己又讲学于书院，为世人称颂。汪应辰（1118—1176），初名洋，字圣锡，上饶玉山县汪坞人，世称“玉山先生”。宋绍兴五年（1135）参加礼部会试，名列第八，殿试擢为第一，时年18岁，高宗赐名为“应辰”。

汪应辰出生于玉山县紫湖镇汪坞村一个贫苦家庭，父亲在县衙当差，收入微薄，因为家里买不起灯油，晚上他就用松枝点燃照明，苦读圣贤之书。幼年时，汪应辰就被誉为“神童”，5岁知书，10岁能诗。1135年，汪应辰参加殿试，高宗皇帝看到他的试卷非常欣赏，毫不犹豫地钦点他为头名状元，揭卷后方知他才18岁，甚喜，特赐名“应辰”。18岁的少年状元，在中国科举史上也是十分罕见的。宋孝宗时期，汪应辰官至端明殿翰林学士，封玉山开国男，晋上饶侯。晚年讲学乡里，在家乡玉山建端明书院，并置学田。

汪应辰主持端明书院期间，书院经费一直为乡绅募捐，并采用放债生息和购置学田等方法，保证书院长年运转。汪应辰考核学生的方式十分讲究，除山长堂考之外，童生每月还得赴信州考试一次（称“月课”），累计成绩优等者榜为秀才，可参加高一级的地方应试。童生吃住都在院内，书院发给膏火银，对家境贫寒的生员，还能给予别的资助。这种方式，使得许多学子获得了接受教育的机会，对繁荣当地文化、培养人才有莫大的好处。

汪应辰少从喻樗、张九成、吕本中、胡安国等，又与吕祖谦、张栻为友，又是朱熹的从表叔，常与他们往来研究学问，理学方面颇有造诣。当时，两宋之交，金人入侵，宋朝廷南迁，大量中原士民也随之南迁。这些南迁士民很多来到上饶玉山。中原士民的大量移入，文化精英人物南移，为中原文化南进与玉山文化的融合提供了历史的机缘，为玉山成为理学名域提供了汲取南北文化精华的便利条件。汪应辰和他的端明书院又促使了玉山人才的辈出，带动了地方经济与文化的发展，并进一步促进了思想学术的发展。

明代还有一位特立独行的状元罗洪先，他为人正直，不恋官场，创办正学书院，传递心学，为世人仰慕。罗洪先（1504—1564），字达夫，号念庵。吉安吉水（今江西吉水县）黄橙溪人，出身官宦之家。15岁时读王守仁的《传习录》，很想去拜其为师，因其父劝阻未果。后便从同乡、王守仁门生李中学。嘉靖五年（1526），罗洪先参加乡试中举人，嘉靖八年（1529）己丑科会试得中，殿试时为一甲第一名。

罗洪先高中状元后，轰动一时。于是，门庭若市，夸赞祝贺甚至攀结者络绎不绝。然而，罗洪先竟然说，这是虚名，三年就出一个，没啥了不起的。罗洪先的父亲罗循本身是官场中人，使得他从小便置身于官场，对于官场有着发自内心的蔑视与厌恶。因此，在高中状元、朝廷授予他翰林院从六品修撰之职时，他竟然请辞告归，后来又先后为去世的父母守孝。虽然在嘉靖十八年（1539）重新被任命为左春坊左赞善，但由于犯颜直谏被罢官。从此，罗洪先彻底离开了他并不十分眷恋的封建官场。离开官场后，罗洪先选择了乡间归隐，石莲洞就成了他安身立命之所，一住就是几十年。

罗洪先在石莲洞旁边大兴土木，办起了书院，起先叫作正学堂，后来改名正学书院。这源于他个人对于王阳明学说的崇拜。虽说罗洪先并非王阳明的亲授门生，却被认定为王阳明最忠实弟子之一，位列其四大弟子之列。个中缘由，恐怕就在于他在阳明心学的研读与传播上做出了贡献。罗洪先自 15 岁开始，就以研读王阳明学说为首要，隐居之后又以传播王阳明学说为使命。在他心目中，世界上所有的学问中，唯有王阳明心学才是真正的学问，因而被他称为“正学”。他亲自担任正学书院的首任山长。为了让弟子们更多地吸收阳明心学的真谛，他四处邀请学者名家前来讲学，与他同时代的阳明弟子或再传弟子，如欧阳德、聂豹等，很多来此讲过学。他们共同倡导致良知，提倡知行合一。于是，正学书院名声广播，前来从学者一时如云。万历五年（1577）进士曾乾亨、万历十一年（1583）探花刘应秋，都是这里走出去的著名学子。

吉水县石莲洞

罗洪先去世之后，依然有许多学者前来讲学，众多学子前来求学。他们内心崇敬王阳明，仰慕罗洪先。石莲洞洞岩壁上有诗“洞主乘龙去，何时更返槎。岩头明月在，常照石莲华”，是比罗洪先晚43年出生的万历十四年(1586)进士罗大纮留下的，是众多学子缅怀罗洪先的一个现实见证。后人在正学书院的院舍里，或办官学，或办私塾，书香连绵。

今天，我们徜徉于石莲洞，仍可见正学书院的部分旧址尚存，罗洪先手书的“石莲洞”、洞门“佛庐”与梅溪流经洞侧的“梅关”石刻历历在目，他开辟于洞顶的藏经阁和夏天避暑时睡卧的“状元床”依然保留。在这里，我们仿佛看到了罗洪先的傲岸风骨。

四、兴学助学的官民传统

江西书院最多，还得益于这片土地自古以来就流传着兴学向学的优良传统，江西素有“地无城乡，家无贫富，其弟子无不学，诗书之声，尽室皆然”的说法。书院繁荣、科举发达，与江西人热爱读书的良风美俗分不开。爱读书，重科考，就需要兴建大量的书院教育士子。

首先是地方官员、绅士和民众大力兴学。位于广昌县甘竹镇龙溪村饶家堡的雯峰书院，是退休官员饶秉鉴于成化六年（1470）所建。饶秉鉴（1413—1486），字宪章，号雯峰，明代学者，正统九年（1444）举人。历任广东肇庆同知、廉州知府。他为官尽心尽职，兴利除弊，赏罚分明，颇有政声。因个性刚直，得罪朝中权贵，遭诬陷罢职。回乡后于成化六年（1470）在饶家堡建雯峰书院，饶秉鉴十分热心家乡公益事业，不仅兴建书院，还捐资建仓济困扶贫，

袁州昌黎书院

广昌雯峰书院

还挖水井、建水陂。水陂名雯峰陂，在龙溪村与鹅龙村之间，是饶秉鉴及饶秉刚、饶秉元兄弟于明成化四年（1468）合资兴建的。这一水利工程由于质地坚固，一直沿用500多年，至今仍然发挥其效用。由于书院保存完好和当地民风好学，1945年3月至1946年6月，我国著名的幼儿教育家陈鹤琴率国立幼稚师范学校迁此办学。

宜春昌黎书院则为在职官员创建和不断修缮。唐元和十四年（819），韩愈因上《论佛骨表》触怒宪宗皇帝，被贬为潮州刺史。同年十月，移任袁州刺史，翌年到任。任内理政抚民，创下诸多业绩。韩愈作为当时文坛领袖，深得文人学子景仰。其中，黄颇投师韩愈学习古文，声名大振，后来考中进士。以此为发端，袁州贡士科场频传捷报，赢得“江西进士半袁州”的美誉。中晚唐之际袁州人文蔚起，韩愈教化栽培功不可没。北宋皇祐五年（1053），祖无择贬任袁州知州，新建州学，在州学明伦堂西侧建韩文公祠，以缅怀韩愈，开启袁州历史上第一次“景韩”运动，

信江书院大堂后的精舍

在宜春文化教育历史上产生了深远影响。明朝正统十四年（1449），江西巡抚韩雍、袁州知府姚文在宜春台西北麓重建韩文公祠。嘉靖二十八年（1549），袁州知府刘廷诰、宜春知县徐栻主持对韩文公祠进行修缮，以韩文公祠中增建的原道阁为讲堂建立书院，祠在西，书院在东，题匾“昌黎书院”。从此，昌黎书院成为袁州城内除袁州府学、宜春县学之外第三所由官方倡办、社会资助的教育机构。入清以后，各级官吏对书院的维护与修缮的记载增多。清代昌黎书院持续办学直至光绪二十九年（1903），停科举、兴学堂，以昌黎书院为校址，开办袁州中学堂，即今宜春中学前身。

信江书院庭院

万载东洲书院是客家人办的民办书院，道光六年（1826）建，它由地方官员倡捐，地方绅士 37 人带头，全县客家绝大部分家庭达 1000 户以上参与捐资，花费白银 3 万余两而建成。中华人民共和国中将杜平同志就曾到东洲书院深造，然后走上革命的道路。

各方人士捐田捐粮是书院经费的保障。民办书院主要依靠民间力量兴建，由地方、宗族或者个人筹措资金。对于民办书院中的一些影响巨大者，朝廷与地方政府往往赐田、赐帑金，予以资助。官办书院，虽然经费主要靠地方政府支拨，山长、教师的俸禄亦由政府开支，但在办学过程中，官办书院往往也得到民间的资助。官绅士民通过捐田产、捐银两、捐店铺、捐山塘等资助书院办学，发展地方文化教育。

信江书院的木雕

清代广信府（所辖现归属上饶市）信江书院是官办书院，士子在书院学习，多为准备参加科举考试而来。从嘉庆二十年（1815）开始，书院“收上邑捐解修膳纹银三十一两；收玉邑捐解修膳纹银三十一两，八扣，实折纹银三十一两；收广邑捐解修膳纹银二十两；收铅邑捐解修膳纹银二十六两；收弋邑捐解修膳纹银二十六两，八扣，实折纹银二十两八钱；收贵邑捐解修膳纹银三十一两；收兴邑捐解修膳纹银十九两”。上邑是上饶，玉邑是玉山，广邑是广昌，弋邑是弋阳，贵邑是贵溪，兴邑是德兴；修膳银是指生徒的伙食费。信江书院学生们的伙食费，得到了广信府所辖各县的捐助，这个制度一直延续下来。

帮助贫寒学子，资助他们求学书院、考取科名，以改变人生命运，是江西人的优良传统。为助力贫困学子，江西书院有多种多样的奖学助学的规定和方式，如：书院将学田、膏火田的收入用以资助、奖励学子参加科举考试；民间开设义学、宾兴会、贡士庄、希贤庄、青云庄等机构，以田产收入资助平民子弟，为他们科考高中助一臂之力。这个传统，唐代就已形成，如陈氏的东佳书院就是利用学田收入作为游学资金。到了宋代，学田收入逐渐成为江西的官学、书院用以补助家境贫困的学生的主要来源。同时，为了嘉奖学习成绩优异的学子，官学、书院会从学田收入当中抽取一部分给予鼓励。此外，地方政府还会直接拨发助学钱，形式有钱、粮两项，以使书院有足够的能力养士。

明清时期，江西书院中还形成了特色鲜明的生徒资助和奖励的制度。如在万载建于清道光六年（1826）的东洲书院，就曾有对默写出规定经文的生徒给予奖励的规定：全部默出《诗》《书》《易》三经正本，而且没有错误的人，赏钱八百文，如果默写《左传》句解、《左传》类解、《周易》替代《易经》，也是可以的；全默五经正本而无误的人，赏钱三千文。乾隆帝师、受御赐“帝师元老”的高安人朱轼，便是通过接受书院助学走上仕途的。朱轼自幼家境贫寒，但这并没有禁锢他聪敏好学的天性。进入书院读书后，他力争上游，年年斩获奖学金。入仕后，他先后被雍正、乾隆皇帝诏充为《清圣祖实录》《清世宗实录》总裁，其传世之作《周礼注解》《周易注解》《历代名臣传》等，至今在我国文史学界影响甚大。

明清时期，江西各地还普遍设立“教育爱心基金”机构——宾兴会。“宾兴”一词源于《周礼》“以乡三物教万民而宾兴之”，后世也将支持、资助应试、入学、登科的机构称为“宾兴”。宾兴会实际上就是古代的“教育爱心基金”，通常依附于书院而存在，主要供给学子赶考的盘缠等。清道光十一年（1831），新建县（今南昌市新建区）遭遇水患，境内举人北上进京赶考的路费原本由乡人筹集，但此时难有着落。时任西安知府的新建人程懋采听说后，立即捐出白银600两。他去世后，他的后人又一次性捐钱1.8万缗（1缗指1串铜钱，相当于1两白银），建立了宾兴馆，并订立了管理与资助规则。该县曾将其中的1万两白银分别存于省城南昌的5家典铺内，每家各存2000两。进京参加会试的文武举子每人每次可领取20两赞助款，全部源自典铺的息金。很多接受过宾兴会的资助最终考得功名的人，往往也会以钱财反哺，充实宾兴会的资金。

书院和宾兴会，作为学子参加科举的民间助学组织，其目的都是让学生安心于学习，解除贫寒学子的后顾之忧。不少贫困学生都是得益于这一制度，苦心攻读，最终在考试中脱颖而出，踏上了仕途。

五、崇文尊师的乡风里俗

尊师重教一直以来是中华民族的优秀传统美德，古代江西书院中师生关系融洽，情谊悠长，民间也流传着多种多样的尊师重教的民俗，或庄重严肃，或趣味盎然。

比如，萍乡一些地区就保留着传统谢师仪式，其中一个非常有意思的环节就是学生唱“讲酒词”。谢师过程中，学生首先要向老师敬奉一杯浓香的绿茶，然后献上“束脩礼”（肉脯、芹菜、红枣、红豆等），再赠送老师一支毛笔，以表达对老师笔耕不辍、无私奉献的敬仰，接着便举杯向老师唱起讲酒词。一些条件较好的人家会在杯中斟满美酒，而一些经济并不宽裕的人家则会以茶代酒。传统萍乡酒席，一般为“十大碗”，意为十全十美，碗碗讲究色、香、味，且分量足。所谓“讲酒”，就是在宴席中上菜至第五道菜虎皮扣肉时，燃放爆竹，请能说善道的人代表主家致祝酒词或答谢词，以示客气热情，活跃酒席气氛。谢师仪式的讲酒词是由学生来说，内容多以简单质朴的言语表达学生对老师的拳拳之心，从第一杯到第十杯，每杯都有讲酒词。第一杯谓之“头彩”，说的是“抢得头彩红，一年到头路路通”……到了第十杯，便以“酒恰（吃）十全十美，学业有成平青云”结束。内涵丰富的讲酒词，不仅生动地展现了方言，而且体现了当地尊师重教的传统民俗文化。

赣南还流传着学子以“荷包胙”谢师的风俗。荷包胙是原南安府（今南康、大余、崇义、上犹一带）的一道名菜，与历史上南安府唯一的状元戴衢亨有关。相传，清乾隆年间，大余人戴衢亨高中状元后，特别设宴感谢平日对他照顾的亲朋友邻。他让厨师用本地的荷叶把经过料理后的猪肉包成状元帽的形状蒸熟，即为荷包胙，又被称为“状元菜”。宴席结束后，乡邻将没有吃完的荷包胙等菜用荷叶包好，带回去给未能参加宴席的家人品尝，让家人沾沾状元郎的喜气。从此，荷包胙远近闻名。谁家若有孩子毕业升学，家长会选择一个良辰吉日，用祭祀过祖先的猪肉和清晨刚采下的荷叶做一道荷包胙，让孩子送到老师家中，与老师一同打开。打开之后，老师会拿出一双早已备好的竹筷子赠与学生，以寄托对学生的殷切期望。

第六章 让书院文化鲜活绚丽

RANG SHUYUAN WENHUA
XIANHUO XUANLI

光绪二十七年（1901）八月初二日（9月14日），清朝廷正式下令全国各地书院分别改为大中小学堂。于是，江西和全国一样，掀起了一个书院改学堂的热潮。传统书院虽然退出了历史舞台，但却为我们留下了宝贵的文化遗产：书院建筑、书院遗址、书院文物、书院文献、书院精神。深入挖掘其内在价值，强化保护利用措施，研究借鉴文化精神，打造书院文化名片，让璀璨的江西书院文化在新的时代鲜活亮丽，是江西人民的共同愿望。

一、保护修缮重建古代书院

江西书院的千余年历史，蕴涵了宝贵的经验与启示，为今天的文化自觉提供了思想养料。教化育人，传承学术，提升文化，移风易俗，赋予其时代的新内涵，可以帮助我们树立和坚守文化自信。充分挖掘书院文化资源，保护、利用、传承与发展，有助于提升江西文化的创造力、传播力、影响力和综合竞争力。

为规划书院遗产的保护利用，2014 年省政府文史研究馆率先进行江西书院遗址调研，江西省省长等省领导在调研报告中作出重要指示。2015 年中国人民政治协商会议江西省委员会举行“加强书院文化研究、保护和利用”专题协商会。2016—2019 年江西师范大学连续 3 次向省委省政府呈交江西书院保护利用调研报告，得到省委书记和省长的重要批示。2020 年江西省委宣传部多次举行讨论会，部署书院保护利用工作，江西书院文化已开启崭新的一页。

江西历史上，许多书院在损毁后，经后人的不断重建，又以崭新的面貌屹立于世，这是地方文化连绵延续的见证。尤其是改革开放以来，江西不少现存的书院先后被列为各级文物保护单位，同时，各地加快了古代书院的修复与重建，修复了一批古代书院，如上饶信州区的信江书院、宜春袁州区的昌黎书院等等，重建了一批古代书院，如吉安阳明书院、抚州临汝书院、丰城同文书院等等。此外，莲花复礼、贵溪象山等一批古代书院的重建已规划完毕，正在施工之中。在不远的将来，将有更多的书院融入现代的生活。

同文书院门头

二、研讨书院文化学术

改革开放以来，江西书院学术研讨热烈频繁。这些学术活动，有的就在江西书院举行，每年都有十几场。2000年10月，经中宣部批准，在鹅湖书院召开了纪念朱子870周年诞辰国际学术研讨会。2017年6月“鹅湖会讲”隆重举行，讨论的主题是“书院与基层社会”，会议上上饶师院徐公喜教授、山东大学颜炳罡教授、江西师范大学胡青教授、厦门大学朱人求教授、九江学院吴国富教授、登封市文物管理局局长宫嵩涛做主旨发言，会场热烈非凡。

2018年11月，白鹿洞书院论道，白鹿讲坛，第二讲开讲。华东师范大学古籍所终身教授、中国历史文献研究会名誉会长、上海市儒学研究会会长朱杰人开讲“朱子学的构建与中华文化主体精神的重建”。朱杰人认为宋代开启了中国近代历史的一个新纪元，而这一切都离不开宋代理学的出现及其对中国文化精神的再构与重建。到宋代，传统的儒家理论由于不能与时俱进，已经脱离社会实际，不能适应时代发展的需要。朱子承担起改造儒学、重建儒学的历史使命。由于朱子对儒学成功的改造与重建，儒学得以在释道的重重包围中闯出了一条新路，从而继续传承了 800 年之久，至今不衰。今天所说的儒学，已经不是孔子的原始儒学，而是经过朱子改造以后的儒学，实际上是“朱子学”，或者说是新理学、“新儒学”。朱杰人认为，朱子学的成功建构，是中华民族历史长河中一个文化自信与文化自觉的经典范例，是对中国文化的一次重构，赋予了中国文化更多新的内涵和新的精神，再次确立了中华文化的主体意识，使中国人的文化精神登上了一个更高的层次，而白鹿洞书院在这个过程中起了重要作用。

江西书院研究的机构很多。一是江西书院研究会，成立于 1993 年。二是设在主要书院遗址的研究机构，如白鹿洞书院、鹅湖书院、白鹭洲书院、潋江书院、龙江书院、叠山书院等等。三是设在大学的研究机构，如江西师范大学的文化厅书院文化教育研究所、南昌师范学院的书院研究所、九江学院的庐山文化研究中心、上饶师范学院的朱熹文化研究中心聚集了一批对地方文化很有研究的学者，他们对书院历史、书院人物有很深入的研究。

江西省书院研究人员近年来承担了一批重大课题，出版发表了一批高质量的论著论文，仅从著作看，就有李才栋的《江西古代书院研究》《中国书院研究》，周銮书、孙家骅、闵正国、李科友主编的《千年学府——白鹿洞书院》，胡青的《书院的社会功能及其文化特色》《古代书院教育散论》，李宁宁、高峰主编的《白鹿洞书院艺文新志》，高立人主编的《白鹭洲书院志》，王立斌、吴国富、金来恩编纂的《象山书院志》，程维的《书院春秋》，李宁宁编著的《朱子白鹿洞规条目注疏》，温江斌的《南昌书院史》，陈炎成、金来恩编著的《陆九渊与象山书院》，王立斌的《鹅湖书院》《叠山书院》，江西省地方志编纂委员会办公室编著的《江西书院》，邬小辉主编的“江右书院行丛书”，孙家骅主编的“白鹿洞书院文化旅游丛书”，田延光、梅国平主编的“中国书院文化研究丛书”等数十种。

将传统文化与现实技术和需求结合，是当前文化发展的新要求。在此背景下，书院文化通过创造性转化、创新性发展，与现实文化相融相通，白鹿洞书院、鹅湖书院制作了精美的电视片，江西师范大学制作了全省书院数字化信息库。

看
听

三、丰富多彩的书院旅游

书院往往依山傍水，隐藏山林，古木参天，幽静静谧，文化积淀厚重，建筑朴素古朴，文化氛围浓厚，人文与自然和谐统一。漫步在书院，领略美丽的山水风光，呼吸新鲜空气，愉悦心情，陶冶情操。对现代人来说，书院是文化旅游的好去处，是读书休憩的好地方。

说到书院旅游，首先就是白鹿洞、鹅湖、白鹭洲三大书院的旅游。

白鹿洞书院，位于九江市庐山市海会镇，是庐山最具人文色彩的景点之一，不少游客选择在游览完庐山三叠泉景区后前往。他们在书院里饱览山林泉溪，观赏殿阁楼亭，品读摩崖石刻，欣赏楹联古曲，典雅古朴的南国书香雅苑，常使人流连忘返，每年来这里的游客达数十万人次之多。

鹅湖书院距离铅山县城有 10 多公里。当人们漫步书院六进——头门、青石碑坊、泮池、仪门、会元堂、御书楼，聆听朱熹、陆九渊、陆九龄、吕祖谦的故事，一定会感叹800年书院的兴废沧桑和“斯文宗主”的盛事，每年慕名而来的游客有10万余人次，鹅湖书院还是海峡两岸和平的纽带。2018年9月，由上饶市政府台湾事务办公室、铅山县政府、上饶师院朱子学研究所主办，中共铅山县委宣传部、上饶市鹅湖书院管委会、铅山县政府台湾事务办公室承办，在书院举行了“鹅湖书院寻根之旅”活动。该活动的宗旨是贯彻落实习近平总书记关于对台工作的重要论述和十九大精神，秉持“两岸一家亲”的理念，扩大两岸的交流与合作，增进两岸同胞中华文化认同。两岸学者本着同根同源、同祖同宗、同文同种的理念，到鹅湖书院追寻朱子足迹，感受圣贤的魅力。

如果您去白鹭洲书院，要通过与市区相连的白鹭洲大桥，上洲后走过一条长长的廊桥，就能看到白鹭洲中学的校门，不多时就能走进书院的大门。门前是文天祥的雕像，书院旧址主要有两栋小楼，前面为云章阁，是原书院藏书、山长讲学和就寝的地方，现在大厅的墙上有书院历史和名人介绍。后面是风月楼，一栋三层的方形建筑，楼上雕龙画凤，格调高雅。整个景区江畔垂柳浮萍，风和日丽，书院亭阁一线贯穿，古樟、梨树、银杏、芭蕉掩映其间，景色优美，令人陶醉，每年到书院参观游览的有十多万人次。

江西吉安白鹭洲中学校门

站在高阁，眺望赣江，人们常常高声吟诵文天祥的《正气歌》：

天地有正气，杂然赋流形。
下则为河岳，上则为日星。
于人曰浩然，沛乎塞苍冥。
皇路当清夷，含和吐明庭。
时穷节乃见，一一垂丹青。
…… ……

如果要更深入地了解江西书院文化，我们还有多条书院文化旅游路线等待着大家。

赣南书院文化旅游线：考察从赣州市章贡区濂溪书院（阳明院）开始，接着游览章贡区新安书院、石城鳌峰书院、宁都易堂、于都濂溪书院、寻乌万安书院、兴国潋江书院。

赣中书院文化旅游线之一：考察从吉安吉州区白鹭洲书院开始，接着游览青原区阳明书院，井冈山龙江书院，遂川燕山书院、新兴书院，安福复古书院、复真书院、山角书院。

赣中书院文化参观考察线之二：考察从抚州临川区兴鲁书院开始，接着游览临川区临汝书院、南城盱江书院、广昌雯峰书院、金溪仰山书院与槐堂书屋、乐安流坑书院群。

赣东书院文化参观考察线：考察从上饶市信州区信江书院开始，接着游览弋阳叠山书院、贵溪象山书院、余江龙溪书院、余干东山书院。

赣西书院文化参观考察线：考察从宜春市袁州区昌黎书院开始，接着游览奉新华林书院、万载龙河书院和龙冈书院、铜鼓奎光书院、高安凤仪书院、丰城龙江书院和同文书院。

赣北书院文化参观考察线：考察从九江市浔阳区同文书院开始，接着游览庐山白鹿洞书院、德安东佳书院、修水凤巘书院和高峰书院、安义墨庄。

古代江西，文风鼎盛，人才辈出，游历讲学的文人墨客，络绎不绝，雪泥鸿爪，俯拾皆是。佳胜名山，偏远村落，城中闹市，都保留着书院的大量古迹。远足书院，去凭

阳明书院内景

凤仪书院

吊古代教育的“道场”，瞻仰尚学崇教风气的园地，聆听文化教育的历史信息，与古人在这自然与人文融合的特殊景观中对话，一定别有情趣。

四、传承书院红色基因

如前所述，江西有一批全国著名的、经过红色革命洗礼的书院。

今天的龙江书院，已是全国爱国主义教育的重要场所，是井冈山革命遗址的重要展示示范基地。1961 年 3 月，国务院将它列为全国第一批重点文物保护单位。1997 年列为全国爱国主义教育基地。2014 年国家对书院进行了大规模的维修，斋舍、祠院、阁台修旧如旧，达到更佳效果。井冈山干部学院和国防大学也对龙江书院给予高度关注和支持。

2001 年 6 月，中宣部将潋江书院列入全国第二批百个“爱国主义教育示范基地”。2006 年 5 月，潋江书院被国务院列为全国重点文物保护单位。潋江书院蕴涵毛泽东故居、兴国县土地革命干部训练班、兴国县苏维埃政府（含革命委员会阶段）和建筑文化等四大文化，充分体现兴国红色、古色、

叠山书院

客家、建筑文化等丰富多彩文化元素。1990 年，潋江书院的部分旧址又辟为中国人民解放军兴国籍将军生平展览馆。今天的潋江书院，更加令人敬仰，正以她独有的魅力吸引着成千上万的国内外宾客前来参观瞻仰。

弋阳的叠山书院也是一所著名的“红色书院”。书院于元皇庆二年（1313）为纪念谢叠山而建。谢叠山（1226—1289），名枋得，字君直，弋阳人，是南宋著名的爱国诗人和抗元英雄。南宋宝祐四年（1256），他与文天祥同中进士，后留任京都为考官，曾任江东提刑、江西招谕使和信江知州等职，为人正直，不畏权势，年轻时便敢于抨击当朝宰相的不法行为。在建康任考官时，曾出题对奸臣贾似道屈膝向元求和予以无情揭露。元兵南侵，谢叠山率兵万余人在江西信州、安仁、武夷山、仙霞关等地抗击元军，

叠山书院文昌殿

终因寡不敌众而遭失败。谢叠山改名换姓隐于福建深山，后又辗转建阳等地以算命占卜为名，暗地积极联络旧部，准备重整旗鼓。元廷对汉族官员采取笼络政策，请他们出来做官，谢叠山为重点对象，遭到严词拒绝。谢叠山被押送大都，多次劝降，坚辞不降，抱病拒医绝食而死。为纪念谢叠山，当地百姓在弋阳兴建了谢文节公祠（叠山祠），元延祐四年（1317），朝廷将叠山祠改建为叠山书院。明、清两代在书院陆续建望江楼、桂花园、文昌殿、山长室、藏经阁等建筑，飞檐高耸，端庄典雅，巍峨壮观，古色古香。

伟大的革命家、土地革命战争时期赣东北根据地创始人方志敏年轻时便就读于叠山书院，深受叠山事迹和叠山精神的熏陶与教育。谢叠山是誓死抗元、坚贞不屈的典范，方志敏是爱国、创造、清贫、奉献的楷模，两位英雄虽然相隔数百年，但他们的人生事迹和精神内涵，却有许多相似之处。“方志敏精神”是对“叠山精神”的继承和发展。1952 年，江西省省长邵式平用“爱国”“爱民”“孝慈”“廉洁”“奋斗”高度概括了“叠山精神”，即誓死抗元的爱国精神、关心百姓的爱民精神、敬老爱幼的孝慈精神、不慕名利的廉洁精神、坚强不屈的奋斗精神。叠山书院修复后，前来参观学习的干部、学生等络绎不绝。

五、观摩习演书院礼乐

看
听

祭祀礼乐，是古代书院重要的教育活动和仪式，一般来讲，大型书院，尤其是官学化的书院，祭祀孔子、“四配”“十二哲”等先贤和先儒。地方性书院，往往自己设置和供奉祭祀对象，大致有这么几类：其一，与该书院学术渊源有关并受到本书院尊崇的学术大师；其二，与本书院有关的学者；其三，与本地或本书院有关的地方官员；其四，书院所在地的乡土前贤。各个不同的书院，祭祀仪式不完全相同。简单来说，大致有：鸣鼓，奏乐，主祭者就位，陪祭者就位，跪行三跪九叩首礼，行初献礼，跪，上香，献帛，献爵，行三叩首礼，行二献礼、行三献礼，行三跪九叩礼，礼毕，等等。

书院祭祀是榜样教育。《宋史·文天祥传》曾叙述过祭祀乡贤对他的影响：“自为童子时，见学宫所祠乡先生欧阳修、杨邦乂、胡铨像，皆谥‘忠’，即欣然慕之，曰：‘没不俎豆其间，非夫也。’”可见祭祀对后人的榜样激励。

书院祭祀是学派教育。祭祀本学派的先师先儒，对于学术流派的发展起了一定的作用。朱子学派往往祭祀朱熹及弟子，陆子学派往往祭祀陆九渊及弟子，王学往往祭祀王守仁及弟子。

书院祭祀是乡土教育。书院祭祀当地先贤，增进人们对乡土历史的了解，增强对家乡的自豪。

2014 年 9 月 28 日，为纪念孔子 2565 周年诞辰，全国四大书院同步异地举行祭奠仪式，并向全国电视实况转播。在白鹿洞书院，各界人士、中小学生、书院领导和工作人员参加了祭祀仪式，学者陈东有、胡青、赖功欧、李宁宁等教授，作“专家论道”。

今天，也有一些学校将祭祀礼乐活动作为今天的教育方式。如修水双井高峰书院的祭祀活动。学校一年级的新生，他们参加祭孔后，整齐列队，老师在他们的眉心点上朱砂，“打开天眼”，期望学童从此眼明心亮。学童点好朱砂，心里默想自己的理想和志向，依次击鼓三声以鸣志。开笔礼中最重要的一项是启蒙描红。学童们在书院过去专用于讲学的明伦堂就座，老师指导学童正确的书写姿势，学童手握毛笔写下入学的第一个字——“人”。“人”字写成，学童们和老师一起高举“人”字，齐声许愿：“我立志认认真真学做人，老老实实做学问，做骄傲的中国人！”在书院举办入学开笔礼，像这样的开学第一课形式别具一格，意义深刻。

南昌五中也组织学生在书院举行尊师礼。2019 年 8 月 27 日（己亥年农历七月廿七）该校“七升八”全体学子开展了“白鹿洞书院国学传承”活动，在书院举行了隆重的尊师礼。尊师礼仪式非常隆重，根据白鹿洞书院“释菜礼”创新而成，旨在提醒参加礼典的读书人立定志向、觉悟斯文，尊师重教、兴仰正学。仪式开始，众学子“盥洗”，净手净心；行拱手礼进入“礼圣殿”；礼拜孔子；文辞先生领众师生向孔子及先贤行四拜礼。礼典中给老师们赠赐“文扇”，以感谢教师们付出的辛勤劳动。接着，由祭学代表行“歌诗礼”。在书院举行的这次尊师礼，给学生们以震撼，都说有了很大的不一样的收获。

今天，“释菜礼”甚至走出了古代书院的大门来到民间。每年七八月，九江市有孩子在中考、高考中取得了好成绩，父母们常会邀请孩子的老师到家中，象征性地举行释菜礼——学生在老师的带领下跪拜孔子，并将代表青年学子的水芹、代表才华的韭菜花、代表早立志的红枣、代表敬畏之心的栗子摆放在台面上，再依次跪拜颜子、曾子、思子、孟子。行过释菜礼后，主人家会端上一道当地的特色菜荷包鲤鱼，寓意“鲤鱼跃龙门”。鱼头对着位于上座的老师，然后请老师拿起筷子轻轻敲击鱼头，并对学生说一些勉励的话，表示对学子进行“敲打”。

在现代，书院祭祀还有一种新方式——向先贤塑像致敬。今天，古代书院庞大的祭祀系统和仪式已经消失，但人们却用另一种方式，继承着书院祭祀的精神，这就是为先贤塑像。向先贤塑像致敬，表达今人的敬仰和尊崇。江西书院人物，如周敦颐、李觏、黄庭坚、朱熹、陆九渊、江万里、文天祥、吴澄、吴与弼、李材、胡居仁、王守仁、邹守益、聂豹、欧阳德、罗洪先、刘元卿、“易堂九子”等等，他们的塑像屹立在古代书院遗址或现代学校之中，成为后人学习的榜样。

六、方兴未艾的书院研学

研学，也叫游学，是我国中小学教育的重要组成部分。研学旅行可以拓展学生视野，夯实知识基础。研学旅行可以拥抱乡土乡情、县情市情、省情国情。研学旅行可以增强学生对“四个自信”的理解与认同。而书院研学旅行更是读万卷书，行万里路，让学生通过对书院文化的直观认识，热爱祖国，学习前贤，促进心理成熟，促进正确的世界观、人生观、价值观形成的绝佳安排。近 10 年来，江西省中小学书院研学旅行正在有组织地有序开展。

2009 年江西师大附中制定了“寻访古书院，传承赣文化”——附中学子“书院行”社会实践方案。该方案在“活动策划的动机”中说“江西是我们生于斯、长于斯的故土，人杰地灵、人才辈出。勤奋朴实的江西老表创造了内涵丰富的赣文化，对中华民族文化的发展有着极大的推进作用。

鹅湖书院研学活动

在社会日益变革进步的今天，江西面临前所未有的机遇和挑战，全省人民正在为中部地区崛起而努力奋斗。而与此不相适应的是，有些青少年对江西本土文化的了解非常有限，对生养自己的家乡缺乏深厚的情感，甚至缺乏作为一个江西人的自豪，缺乏为江西的明天而努力奋斗的使命感，缺乏建设美好江西的责任感。因此，让青少年进一步了解江西的省情和历史文化，增强他们身为江西人的自豪感，强化他们为'富民兴赣'而努力学习的信念，激发他们热爱家乡、热爱祖国的情感，就显得十分的重要和迫切"。而活动宗旨就是让附中学子"走出校园，走出南昌，走进赣鄱古代书院，追寻先贤足迹，实地了解江西书院文化形成的过程、历史影响及其思想内涵，传承书院及赣文化的优良品质，增强他们爱家乡、爱祖国、爱社会主义的情感，开拓学生的视野，锻炼学生的社会实践能力，提升学生的合作、探究意识，提高学生的研究性学习能力，全面推进素质教育和新课程改革，增进省内优秀中学之间的联系和友谊”。该活动的主体是师大附中和各联谊学校优秀学生代表，10多年来，组织学生赴江西书院研学，在江西师大附中已形成了常态。

2016年，教育部、共青团中央等11个部门联合发布的《关于推进中小学研学旅行的意见》将研学旅行正式纳入学校教育教学计划。为此，江西的一些重要书院每年定期向全省各地中小学学生开放，成为全省中小学学生研学旅行的重要基地。旅行社也制定了书院研学线路，如江西中国旅行社2019年7月1日以“江西研学旅行：江西省四大书院，是研学旅行的好去处”为题详细介绍了四大书院，提出了研学旅行攻略。

2019年3月，上饶中学利用周末开展高二远航年级研学旅行活动，同学们前往信江书院，感受千年书院的文化底蕴。在书院，同学们踏着厚重的青石板，拾级而上。他们轻轻朗读着镌刻在书院石柱和牌匾上的楹联与诗句，穿过乐育堂、近思堂、夕秀亭、魁星阁，登高望远，更觉得知识浩瀚，重任在肩。

七、借鉴书院教育传统

看

听

书院是中国古代特有的教育组织，对于我国古代教育发展、学术繁荣、文化传承发挥了重要作用。中国厚重的书院文化蕴涵丰富的教育传统，比如，以人文教育为理念，倡导开门办学，德育为先，学术争鸣，教学方式灵活等等。江西不少学校有着书院渊源，吉安白鹭洲中学的前身是白鹭洲书院，弋阳志敏中学的前身是叠山书院，修水双井小学的前身是高峰书院，赣州一中是赣州濂溪书院的原址，九江同文中学是九江同文书院的原址，南昌十八中是南昌豫章书院的原址，有些学校的办学，非常重视借鉴书院教育传统。

比如白鹭洲中学，2018 年 12 月 12 日江西新闻广播报道：

“千帆竞渡云章阁，百鸟和鸣风月楼。零丁不叹身名恨，壮志未酬家国忧。星汉灿烂吉安府，人才辈出白鹭洲。庐陵自古多志士，赣水如今更风流。”一曲文气内蕴的校歌是每个白鹭学子入校的第一课，一首民族英雄文天祥校友所作的《正气歌》则化为白鹭洲中学“崇尚气节，建功立业”的校训，深深铭刻进每个学子的心底。校歌领唱周芷琪说：“身处古韵文风和历史底蕴无比深厚的白鹭洲中学，同学们大都成了小国学迷。‘少年智则国智，少年富则国富，少年强则国强’，这是梁启超《少年中国说》中的字句。我们作为一个高中生，生活在如此美丽的白鹭洲校园，我们又处在一个蓬勃向上的年纪，新时代，中国梦，少年志，做好自己，就是为国家的发展贡献力量。”

多年来，白鹭洲中学将爱国主义教育融入校园文化和社团活动中。每周五的下午都有一个主题班会，开展各种形式的爱国主义教育，我们的目的就是让学生能够出得去，也回得来，最终结果就是报效我们的祖国。

贵溪一中将象山精神作为办学特色。坐落在象山书院徐岩旧址旁，校山合一，环境优雅，学校深入挖掘陆九渊“明心辨志”的精华，将其作为办学的核心理念。其学校的校训、校风、教风、学风都注意挖掘陆九渊的思想。学校校训是“致明致知、自得自成”。什么是“致明致知”呢？陆九渊说，“识之不明，岂无可以致明之道乎？有所不知，岂无可以致知之道乎？学也者，是所以致明致知也”，“致明致知”

意思是对于知识、道理要达到明朗、完善的理解。什么是“自得自成”呢？陆九渊说，“自得、自成、自道，不倚师友载籍”，意思是不过度依赖师友和书籍，而是通过独立探索和思考来获得真知，获取成功。陆九渊的“五自”精神，即“自立、自重、自得、自成、自道”，成为学校的主题文化。

贵溪还有一所直接用象山之名命名的学校——象山学校。为让每一位走进象山学校的孩子都能够了解象山书院的历史，学校于2015年建成象山文化广场。象山文化广场将贵溪市行政区图和象山书院的历史变迁融为一体，学生既能找到自己家乡的坐标，更能了解书院的历史脉络。学校还将象山先生的风采写进校歌，同时，编写《象山志》，详细介绍了象山先生的人生经历。学校每年组织学习陆九渊的教育思想，通过理论学习，召开专题研讨，让学生撰写学习心得体会，并多次组织赴应天山、金溪陆九渊故里、鹅湖书院等地考察学习。学校还聘请国内书法大家，主持编写学校的书法教材，学生们一面练习书法，一面吟诵先生的诗文。

抚州一中源于兴鲁书院，新学则起于清末抚郡中学堂，历名抚州中学校、省立第七中学、省立第八中学、临川中学、临川联合中学等。抚州一中秉承兴鲁书院的精神与临川文化传统，以全面发展、突出特色、提高综合素质为育人目标，以创新思维、张扬个性、面向世界、打造优质高中精品为

兴鲁书院简介

抚州一中内的绣花楼

兴鲁书院旧址位于临川六中校内

办学理念，以“勤学严谨、求实奋进”为校训，倡导“精、实、严、活”校风，1977年恢复高考后，学校为清华大学、北京大学和中国香港及新加坡等地名牌大学直接输送了400余名优秀学生，素有“才子摇篮”“少年大学生摇篮”等称誉。学校教学大楼的北端仍然保留着古迹绣花楼。绣花楼始建于唐，清同治六年（1867）重建，原为抚州府衙后院。主楼两层坐北朝南，两侧各有两间厢房，东西两端又各有一座附属建筑，配成一个四合庭院。今天，这里成了校史馆。庭院内外花繁树茂，景色秀丽，从兴鲁书院到抚州一中的历史，让学生沉浸在浓郁的文化氛围之中，思考未来。

南昌市书院小学位于南昌市东书院街，与江西四大名书院之一的豫章书院旧址毗邻。小巷深处，绿树成荫，经历数百年历史的淘沙积淀，依然书香浓郁、文润德泽。学校紧扣书院的历史背景，秉千年文化余香，全力打造地域文化与校园特色文化建设的融合。校训是“弘和至善，弘益精深”，办学目标是“修贯国体，全面发展”。在学生视线所及的教室、走廊、操场，构建了“1259”多维交互式书院文化空间，让校园处处蕴涵着书院教育的无形张力。“1”指八方馆——多媒体功能室，是引学子交流、研讨、讲学的集会场所；“2”是学校的两栋教学楼，取“晴耕雨读”的典故，教学楼名为“雨读楼”，功能室专用楼名为“晴舞楼”；“5”是两楼之中的艺术廊、古言窗、子规墙、

明星榜、科技坊文化走廊；“9”是指利用操场、围墙等区角打造的 9 处校园小景，用一首词绘就了文化的多能、展示与互动：动感文化车棚、古韵书院门风、春耕秋韵丰荣、

高峰书院

魅力校史长廊、旧巷遗珠新裳、寓教于戏互动墙、小院绿影葱葱、桂树书香毓蒙、健体修身圆梦。通过这些环境建设，精心打造属于书院小学自己的学习乐园。

双井村黄庭坚故居门头

修水双井高峰书院，是直接以书院命名的小学，这在全国实属罕见。高峰书院始建于明代，位于黄庭坚故里双井村。今天的高峰书院以黄庭坚教育为基础，学习校本教材《双井黄庭坚》，继承黄庭坚传统，秉承“承贤，启智，修身，报国”的办学理念，通过开设国学课程，对学生进行孝悌教育和行为规范教育，培养学生勤劳、孝悌、礼貌、友爱、诚信的优良品质。学校尤重经典诵读和书法，甚至尝试把经典诵读、书法教学这两门课的课堂搬到相邻的黄庭坚故居，使课堂教学与实践体验相结合，激发孩子们学习的积极性。如今这里的孩子们个个能背经典，会书法，这所秀美乡村的村级小学里洋溢着浓浓的国学风。高峰书院还连年开展书画展、诗词会、文艺展演等多种活动，让每一个学生每学期至少参加一项国学素质拓展活动，促进学生的全面发展。

江西书院，是承载传统文化的标本；江西书院，是活在当下的自豪；江西书院，保护传承将使她鲜活绚丽！

后记

江西是中国古代书院发展史上不可或缺的重镇。就全国范围来看，古代江西书院数量最多，影响最深远，遗存保留最丰富。探讨江西书院的著作与论文，可谓汗牛充栋，不胜枚举。然而，这些成果，或从历史纵向剖析，或从专题个案探究，鲜有从江西书院文化整体的横断面展开讨论与阐述。

2019年底，中共江西省委宣传部组织“江西文化符号丛书”的编写，指定由胡青负责《书院文化》分册。接到任务后，胡青、徐永文、黄漫远三位同人反复商议，大致确定了本书的篇章布局与写作内容，并决定由胡青全面负责，徐永文撰写一、二、六章，黄漫远撰写三、四、五章。2020年暑假，本书初稿完成，胡青继续对书稿调整结构，增删改写，修饰统稿，并提供相关图片线索。经过大家的共同努力，终于完成了写作任务。

在本书的研究和撰写过程中，作者参考了许怀林主编的《江西文化》、江西省地方志编纂委员会办公室编著的《江西书院》、梅飚和王桐林的《江西名人故里游》以及吴国富、邓维娟、黎华、高峰等人的学术成果；在配图过程中选用了邬小辉主编的《江右书院行之图文》一书中的精美图片，江西画报社提供了部分图片，毛静、胡小义、黄勇辉、温江斌等先生赠予了珍贵的照片，江西美术出版社相关责任编辑给予本书多方指导帮助。在此，一并表示真诚的感谢！

江西古代书院是江西乃至全国宝贵的文化遗产，从不同视野、不同侧面对她进行探索和宣传是我们的责任，谨以这本小书献给读者，敬请批评指正。

胡　青　徐永文　黄漫远

2021年1月

图书在版编目（CIP）数据

书院文化 / 胡青，徐永文，黄漫远著 . -- 南昌：江西美术出版社：江西人民出版社，2021.4
（江西文化符号丛书）
ISBN 978-7-5480-8003-9

Ⅰ . ①书… Ⅱ . ①胡… ②徐… ③黄… Ⅲ . ①书院 - 传统文化 - 江西 Ⅳ . ① G649.299.56

中国版本图书馆 CIP 数据核字 (2020) 第 262987 号

出 品 人　周建森
编辑统筹　方　姝　陈世象
责任编辑　李国强　梁雨寒
责任印制　吴文龙　张维波
书籍设计　梅家强　韩　超　先鋒設計
图书诵读　刘红玉

江西文化符号丛书
书 | 院 | 文 | 化
JIANGXI WENHUA FUHAO CONGSHU
SHUYUAN WENHUA

著　者：胡　青　徐永文　黄漫远
出　版：江西美术出版社　江西人民出版社
地　址：南昌市子安路 66 号
邮　编：330025
电　话：0791-86566329
网　址：www.jxfinearts.com
经　销：全国新华书店
印　刷：浙江海虹彩色印务有限公司
版　次：2021 年 4 月第 1 版
印　次：2021 年 4 月第 1 次印刷
开　本：710 mm×1000 mm 1 / 16
印　张：14
ISBN 978-7-5480-8003-9
定　价：60.00 元